Que(e)rverbindungen

Die neue Sehnsucht nach Gefügigkeit

FrauenStandPUNKT

DRUCKsache

FSC
www.fsc.org
MIX
Papier aus ver-
antwortungsvollen
Quellen
Paper from
responsible sources
FSC® C105338

Juliane Beer

Que(e)rverbindungen

Die neue Sehnsucht nach Gefügigkeit

FrauenStandPUNKT

DRUCKsache

Die Deutsche Bibliothek verzeichnet diese Publikation in der Deutschen Nationalbibliografie.

Detaillierte bibliografische Daten sind im Internet abrufbar unter http://dnb.d-nb.de

Besuchen Sie uns im Internet:

https://frauenstandpunkt.blogspot.com

1. Auflage August 2021

Korrektorat: Marianne Günther

Herstellung und Verlag:
BoD-Books on Demand, Norderstedt
ISBN 9783754325803

Darum geht es:

Zunächst

Der Queerfeminismus, Frauenbewegungen
und einige Erläuterungen vorab

Frauenkämpfe

Muslimischstämmige Schwestern

Und wie sieht all das nun in der Realität
aus?
Westeuropa
Noch mal Deutschland
#unteilbar
Queerfeministinnen solidarisieren sich mit Isla-
mistInnen?

Warum das gemeinsame Aufbegehren gegen
männliche Gewalt ausfällt

Zunächst

Im Jahr 1990 erschien im englischsprachi-
gen Raum das Buch Gender Trouble: Femi-
nism and the Subversion of Identity (Judith
Butler: Gender Trouble. Feminism and the
Subversion of Identity, Routledge: New
York 1990), verfasst von der amerikanischen
Philosophie-Professorin Judith Butler. In
dem Buch geht es um Probleme der Zu-
schreibung von biologischem und sozialem
Geschlecht.

Auch wenn viele Postulate nicht neu waren,
beispielsweise die Frage, ob das soziale Geschlecht (Gender) angeboren oder anerzogen
sei, schon bei der französischen Schriftstel-
lerin und Philosophin Simone *de Beauvoir*
gut 40 Jahre zuvor auftauchte (Simone de
Beauvoir: Das andere Geschlecht. Sitte und
Sexus der Frau, Reinbek: Rowohlt 1992),
wurde mit Butlers Publikation der Grund-
stein des sogenannten Queerfeminismus ge-

legt, eine Melange aus Queer-Theory, Intersektionalität, Kulturrelativismus und Poststrukturalismus. Die queerfeministische Ideologie, konsequent zu Ende gedacht, hätte zur Folge, dass Männerrechte wieder fest in der ersten Reihe verankert wären, allerdings nicht mehr die Rechte des sogenannten alten weißen Mannes, sondern nunmehr die Rechte des muslimischen Mannes, die Rechte des Mannes, der unter einer Störung des Körperbildes leidet, die Rechte des anti-emanzipatorischen Mannes, der sich, von Queerfeministinnen protegiert, als Opfer der Intoleranz geriert.

Um die weitreichenden Folgen des Queerfeminismus aufzuzeigen, braucht man ihn allerdings nicht konsequent zu Ende zu denken. Schon heute zeichnet sich dort, wo die Verfechterinnen dieser anti-emanzipatorischen Bewegung Einfluss haben, ein deutlicher Rollback ab.

Der Queerfeminismus, Frauenbewegungen und einige Erläuterungen vorab

Der Queerfeminismus wird häufig auch als die dritte Welle der Frauenbewegung bezeichnet, was die Sache nicht trifft, denn die erste Welle (Beginn Mitte des 19. Jahrhunderts bis Anfang des 20. Jahrhunderts) und die zweite Welle (Beginn in den 1960er-Jahren) waren Frauenrechtsbewegungen, was der Queerfeminismus nicht ist. Im Gegenteil. Wie bereits erwähnt: Denkt man die Logik des Queerfeminismus konsequent zu Ende, ist von Frauenrechten nichts mehr übrig. Die queerfeministische Methode zielt darauf ab, Frauen unsichtbar und damit Frauenrechte überflüssig zu machen.
Wie sieht das im Alltag aus – international und bei uns in Deutschland?
Darum wird es in diesem Buch gehen.

Doch bevor es losgeht:

1. Was ist Intersektionalität?

2. Was ist Kulturrelativismus?

3. Was ist Poststrukturalismus?

4. Was kann man sich unter Problemen der Zuschreibung von biologischem und sozialem Geschlecht vorstellen?

5. Radikalfeministinnen, wer sind sie?

1. Intersektionalität

Kimberlé Williams Crenshaw, US-amerikanische Juristin und Professorin an der University of California sowie an der Columbia University, prägte den Begriff Intersektionalität in den 1990er-Jahren. Gemeint war die Verknüpfung verschiedener Formen der Diskriminierung, die sich summieren. Crenshaw arbeitete zu diesem Thema in Bezug auf afroamerikanische Frauen. So kann beispielsweise eine dunkelhäutige, lesbische Frau sowohl als Frau, als auch als dunkelhäutiger Mensch, als auch als dunkelhäutige

Frau, als auch als Lebe diskriminiert werden
und ist dadurch in verschiedenen Lebensbereichen, wie beispielsweise im Alltag oder
im Lohnarbeitsbereich, von Diskriminierung
betroffen oder bedroht.

Sich mit diesem Problem zu befassen, es öffentlich zu machen, die betroffenen Frauen
zu unterstützen, zu stärken und mit ihnen gemeinsam dafür zu kämpfen, dass Diskriminierung nirgendwo Platz hat, war, ist und
bleibt eine der Aufgaben von Frauenrechtlerinnen, denn Crenshaws Konzept war nicht
neu. Bereits während der zweiten Welle der
Frauenrechtsbewegung wurde über Mehr-
fachdiskriminierung diskutiert, wenn auch
nicht lediglich in Bezug auf dunkelhäutige
Frauen, sondern ebenso in Bezug auf behinderte Frauen, auf lesbische Frauen, auf allei-
nerziehende Frauen, also in Bezug auf alle
Frauen, die nicht nur als Frau, sondern zudem aus weiteren Gründen unterdrückt werden oder davon bedroht sind.

Ich möchte an dieser Stelle darauf hinweisen, dass ich, wenn ich von Frauen schreibe, auch tatsächlich Frauen meine, und keine Männer, die sich als Frau fühlen, was selbstverständlich ihr gutes Recht ist, solange sie akzeptieren, was sie sind: Männer, die sich als Frauen fühlen – wie immer man dies definiert – und deshalb nicht dazu berechtigt sind, für Frauen zu sprechen, die, weil sie Frauen sind, auf Nachfrage in der Regel nicht beantworten können, wie man sich denn als Frau fühlt.

Im vorletzten Kapitel dieses Buches gehe ich auf das Männerthema Unbehagen am im Mutterleib zugewiesenen Körper ein.

Jetzt aber zurück zum Thema Intersektionalität.

Nicht umsonst hat die zweite Welle der Frauenbewegung für Frauenräume gekämpft, und zwar auch für Frauenräume speziell für ganz bestimmte Gruppen von Frauen. Als Beispiel sei hier Rad und Tat e.V. in

Berlin Neukölln[1] genannt, ein barrierefreies, rollstuhlgerechtes Frauenzentrum mit Bibliothek, Café und Veranstaltungsangeboten speziell für behinderte und ältere lesbische Frauen, wo aber auch jüngere und nichtbehinderte Frauen willkommen sind. Die Einrichtung wurde im Jahr 1989 von behinderten und älteren lesbischen Frauen gegründet, ist inzwischen eine GmbH und lebt auch von zahlreichen ehrenamtlichen Mitstreiterinnen. Über den Sinn von Frauenräumen, zu denen Männer keinen Zutritt haben, kann man natürlich trefflich streiten. Doch auch wenn damit Alltagsprobleme für Frauen am Lohnarbeitsplatz oder im privaten Bereich nicht gelöst werden, sind sie Rückzugs- und Schutzorte für Frauen, die dies möchten und brauchen, und haben damit eine wichtige Funktion. Mit wenigen Ausnahmen wurde

---

[1] Das Frauenzentrum Rad und Tat in Berlin https://rut-berlin.de (30.4.2021)

dies von Männern bis vor einigen Jahren akzeptiert. Damit scheint es inzwischen vorbei zu sein.

Aktuelles Beispiel ist ein Aufruf vom „Bundesverband Trans" im sozialen Netzwerk Facebook. Mann empört sich darüber, dass auf einem Lesbentreffen, dem traditionellen Lesbenfrühlingstreffen, nur Frauen erwünscht sind (was seit jeher so ist), und bezeichnet Rednerinnen, die sich für diese Selbstverständlichkeit einsetzen, als „trans*feindlich", Zitat:

[...] Das diesjährige Orga-Team schlägt damit Kritik an der Veranstaltung aus vergangenen Jahren nicht nur in den Wind. Ganz im Gegenteil werden auf dem nächsten Treffen statt einer Auseinandersetzung mit Kritik trans*feindliche Positionen, die bis in rechte Kreise verbreitet sind, wiederholt und gestärkt.

An diesem Punkt der Debatte rund um das
Lesbenfrühlingstreffen stellen wir daher
noch einmal klar:

Egal ob trans*, inter* oder nicht-binäre Lesben: Welche Person sich als lesbisch identifiziert, ist eine Frage der Selbstdefinition, und diese gilt es zu respektieren.

Trans* Frauen sind Frauen: die Annahme, trans* Frauen würden „in Frauenräume eindringen", spricht trans* Frauen die eigene Identität ab und ignoriert die massive Diskriminierungserfahrung, die viele trans* Frauen tagtäglich machen.

Transgeschlechtlichkeit und Nicht-Binarität sind real: Begriffe wie „Ideologie" oder „Hype" haben keinen Platz, wenn wir über geschlechtliche Vielfalt sprechen.

Angesichts der anhaltenden Angriffe auf (die Rechte von) trans* Personen kritisieren wir deutlich, dass trans*feindlichen Positionen abermals auf dem diesjährigen Lesbenfrühlingstreffen eine Plattform gegeben wird.

Wir fordern, dass sich Veranstaltungen wie
das Lesbenfrühlingstreffen endlich solidarisch mit den Anliegen aller LSBTIQA+
Personen zeigen. Wir fordern, dass sich derartige Veranstaltungen für den Abbau von
Trans*Feindlichkeit einsetzen und diese
nicht weiter befeuern![…] [2]

Zurück zum Rad und Tat e.V. in Berlin Neukölln. Natürlich hat jeder Mann, der einen
Kaffee trinken möchte, die Möglichkeit, dies
in einem der zahlreichen Cafés rund um das
Frauenzentrum zu tun. Er verdurstet nicht
und er trägt sehr vermutlich auch keinen seelischen Schaden davon, wenn Frauen in einem einzigen der vielen Neuköllner Cafés
unter sich bleiben möchten.
Im Queerfeminismus ist das Konzept Intersektionalität dahingehend modifiziert wor-

---

[2] Der ganze Text: https://www.facebook.com/
BundesverbandTrans(1.6.2021)

den, dass daraus das Gebot erwuchs, Frauen (die nicht mehr Frauen, sondern „Menschen, die weiblich gelesen werden“ heißen) hätten sich um alle Probleme aller Identitäten zu kümmern, sobald diese von irgendeiner (von Queerfeministinnen autorisierten) Diskriminierung betroffen sind, was einschließt, dass man niemanden, den Querfeministinnen als diskriminiert erachten, also beispielsweise Männer, die dunkelhäutig sind oder einer bestimmten Religion anhängen, oder eben Männer, die sich wegen des Zutrittsverbots zu einem lesbischen Cafe´ ausgegrenzt fühlen, ausschließen darf.

Das ist erst einmal nicht neu. Frauen wurden über Jahrhunderte dahingehend erzogen, dass sie sich für das Wohlergehen sämtlicher ZeitgenossInnen, insbesondere der männlichen, zuständig fühlen sollten. In der Frauenrechtsbewegung der 1970er und 1980er-Jahre versuchte man, das Problem aufzuarbeiten, nämlich sich darauf zu einigen, dass

Frauen sich zunächst einmal um Probleme von Frauen kümmern sollten. Wie sich aktuell zeigt, waren diese Versuche nicht erfolgreich. Dass die jahrhundertelange Erziehung zur Sonderbeauftragten speziell für männliche Befindlichkeiten immer noch nachwirkt, bzw. wieder aufblüht, zeigt sich aktuell im Queerfeminismus. Beispielsweise nehmen Männer, die sich als Frauen fühlen und sich deswegen diskriminiert weil nicht akzeptiert fühlen, einen höheren Score in der Liste der zu beschützenden Opfer ein, als eine weiße Frau, die angeblich schon allein wegen ihrer Hautfarbe „privilegiert“ ist, wegen ihres Geschlechts sowieso [sic!], selbst dann, wenn sie z. B. von Hartz IV oder geschlechtstypischer Arbeit im Niedriglohnsektor betroffen ist, einen gewalttätigen Ehemann in ihrer Wohnung erdulden muss usw.

Eine Analyse gesamtgesellschaftlicher Zustände sucht man bei Intersektionalistinnen in der Regel vergebens. Der Wettbewerb um das Opfer, das die meisten Diskriminierungen zu bieten hat, ist zum Rassismus der niedrigen Erwartungen mutiert. So haben dunkelhäutige Menschen beispielsweise allein aufgrund ihrer Hautfarbe (!) das Recht, immer und überall *„zu sprechen"*.

Natürlich ist es an sich schon rassistisch, Menschen aufgrund der Hautfarbe zu kategorisieren. Intersektionalistinnen überbieten dies jedoch, indem sie Ideologien bei dunkelhäutigen Menschen dulden, die sie hellhäutigen Menschen niemals zugestehen würden. Deutlich wird das beispielsweise dann, wenn bei rechten, restriktiven islamischen Gruppierungen (die bei Intersektionalistinnen eine Opfergruppe unter der Rubrik People of Color darstellen) Indoktrination, Demagogie und das offene Werben für Frauen- und Menschenverachtung bis hin zu Pädophilie, Verstümmelung und Hinrichtungen nicht kritisiert werden, sondern umgekehrt diejenigen, die dies kritisieren und um die

Einhaltung von Menschenrechten bemüht
sind, als rassistisch angeprangert werden.
Kann es sein, dass Crenshaws Kampf in den
USA für die Rechte dunkelhäutiger Frauen
von Intersektionalistinnen in Westeuropa u.
a. als Kampf für die Rechte von solchen
„mehrfach Diskriminierten" installiert wurde, die Frauen unterdrücken oder mit unterdrückenden Männern kooperieren und beispielsweise als Sittenwächterinnen Kopftuch, Schleier und Burka propagieren und
ihre muslimisch-stämmigen Geschlechtsgenossinnen zu kontrollieren und reglementie-
ren versuchen? Die Kooperationsgemein-
schaft zwischen muslimischen HardlinerIn-
nen und westlichen Intersektionalistinnen
hat sich inzwischen zu einem System gemausert, das in demokratischen Staaten sowohl im Kulturbereich, im Bildungsbereich
sowie in sozialen Netzwerken dafür sorgt,
dass der Kampf für weltweite Emanzipation

aller Frauen als „antimuslimischer“ Rassismus verunglimpft wird.

Andere Religionen sind auch nicht eben frauenfreundlich?

Das stimmt.

Ich nenne hier lediglich den Islam deshalb, weil er im queerfeministischen Verzeichnis der zu beschützenden Veranstaltungen steht, andere Religionen jedoch nicht.

Intersektionalistinnen geht es, anders als der Frauenrechtsbewegung der ersten und zweiten Welle, nicht mehr darum, gegen jede Autorität, Unterdrückung und Herrschaft zu kämpfen, sondern darum, universelle Herrschaft und uneingeschränkte Macht für die zu erkämpfen, die vermeintlich die meisten Diskriminierungen aufweisen. So kann man schlussfolgern, dass Intersektionalistinnen nicht grundsätzlich gegen Unterdrückung und Autorität, Ausgrenzung und Hass sind, sondern nur dann dagegen sind, wenn die in ihren Augen Falschen, also z. B. weiße Frauen und weiße Männer, autoritär, ausgrenzend und unterdrückend agieren.

2. Kulturrelativismus

Kulturrelativismus ist die Kritik an allgemeingültigen Annahmen, also das Gegenteil der Forderung, Menschenrechte für universal zu erklären und dafür zu kämpfen, dass jeder Mensch das Recht hat, frei von Gewalt und Bevormundung zu leben.

Verwehrte Frauenrechte wie beispielsweise Zwang zur Verschleierung, Zwangsehe, Mädchenehe, Ausgangsverbot und Genitalverstümmelung in arabischen oder afrikanischen Gesellschaften werden von Kulturrelativistinnen als Kulturgut und damit als nicht kritisierbar gehandelt, ungeachtet dessen, dass arabische oder afrikanische Frauenrechtlerinnen gegen diese Form der Frauenverachtung ankämpfen, in ihren Heimatländern mindestens unter Einsatz ihrer Gesundheit, nicht selten unter Einsatz ihres Lebens. Ein Beispiel dafür sind emanzipierte Frauen im Iran, die gegen Verschleierungszwang kämpfen, dazu öffentlich ihren Schleier ablegen (was verboten ist) und an Stöcke spießen. Aktionen wie diese haben nicht selten Verhaftungen, Misshandlungen und Hinrichtungen zur Folge. Die Exil-Iranerin Masih Alinejad dürfte vor allem Frauen bekannt sein, die in sozialen Netzwerken wie Twitter und Facebook aktiv sind. Alinejads Aktionen „My Stealthy Freedom" und „White Wednesdays"[3], womit sie gegen den Verschleierungszwang protestierte, gingen um die Welt. Und nein, der Umstand, dass Alinejad sich in den USA aufhält, ist kein Garant für ihre Sicherheit. Bekanntlich verfolgt der iranische Geheimdienst kritische IranerInnen um die ganze Welt.

Das Pochen auf Frauenrechte, beispielsweise auf das Recht, sich mit offenem Haar in der

---

[3] My Stealthy Freedom https://www.mystealthyfreedom.org (30.4.2021)

Öffentlichkeit zu zeigen, bzw. das Pochen darauf, Frauenrechte als universell zu kategorisieren, gilt im Queerfeminismus als Eurozentrismus. Dem liegt u. a. das rassistische Denken zugrunde, wonach eine Kultur statisch sei, bestimmte Kulturen sich also nicht entwickeln könnten, wie beispielsweise die westliche Kultur, innerhalb der Frauenverbrennung, öffentliche Hinrichtungen auf dem Marktplatz usw. abgeschafft wurden, weil sich das ethische Denken und Handeln wandelte. Dem Kulturrelativismus liegt außerdem das Denken zugrunde, Menschen wären mit der Kultur ihres Geburtslandes auf Lebenszeit biologisch verwachsen und nicht fähig, abweichende Wünsche, Ideen, Lebensmodelle zu entwickeln.

Religion, Kultur und Individuen sind für viele Queerfemistinnen unveränderbar, allerdings lediglich im Fall von nicht westlich geprägten Kulturen bzw. Menschen aus nicht westlichen Kulturen. Für Angehörige westlicher Kulturen gilt dies nicht, wie der Fall Rachel Dolezal zeigte. Dolezal hatte sich jahrelang als Afroamerikanerin ausgegeben, was, wie ihre Eltern 2015 öffentlich machten, nicht zutraf. Dolezal wie auch ihre Vorfahren sind weiße AmerikanerInnen. Die afroamerikanische Fernsehmoderatorin Melissa Harris-Perry hatte daraufhin für eine Unterscheidung zwischen angeborenem Schwarzsein und Trans-Schwarzsein geworben, Applaus kam u. a. aus der Queerszene. Die schwarze Community reagierte dagegen zu Recht ablehnend. Interessant dazu ist ein Aufsatz der amerikanischen Soziologin, Autorin und Professorin an der Harvard University, Mary C. Waters, mit dem Titel „Optional Ethnicities: For Whites Only?"[4], zu Deutsch: Wählbare Ethnie nur für Weiße? Waters legt in diesem Text dar, dass Menschen mit dunkler Hautfarbe eben nicht die Möglichkeit hätten, sich für eine andere Hautfarbe zu „entscheiden" und somit den Diskriminierungen und Benachteiligungen zu entgehen, denen Menschen mit dunkler Hautfarbe ausgesetzt sind. Das Konzept „Trans-Schwarzsein" würde fälschlicherweise vermitteln, dass hell- und dunkelhäutige Menschen gleichberechtigt seien und das Tauschen von Identitäten in diesem Bereich eine Option sei, die jeder und jedem offen stehe. Dunkelhäutige Menschen hätten nicht die Freiheit, ihr „Schwarzsein" abzulegen

---

[4] Waters, Mary C.: Optional Ethnicities: For Whites Only? Origins and Destinies: Immigration, Race and Ethnicity in America, edited by Sylvia Pedraza and Ruben Rumbaut, S. 444-454, Belmont 1996, S. 444-454.

bzw. das eigene Leben nicht davon beeinflussen zu lassen.

Die Argumente zum Fall Dolezal aus der Queerszene klangen dagegen realitätsverleugnend. Es wurde beispielsweise auf das sogenannte Racial Passing hingewiesen, das auf AfroamerikanerInnen angewandt wird, die hellerer Hautfarbe sind und einen sogenannten weißen Lebensstil führen, was bedeutet, dass sie vermeintliche Eigenarten weißer AmerikanerInnen übernehmen und sich von kulturellen Wurzeln dunkelhäutiger AmerikanerInnen trennen. Dahinter steht die queerfeministische Annahme, bestimmte Bräuche bzw. bestimmtes Handeln sei biologisch mit nicht-weißen Personen verwoben und nicht änderbar. Wir werden diesem Denken im Laufe des Buches noch in Bezug auf muslimisch-stämmige Frauen begegnen. Rachel Dolezal beschreibt sich selbst übrigens inzwischen als *transracial* und stößt damit in sozialen Netzwerken immer wieder

Diskussionen an, denn das Konzepte „Rasse“ (*race*) sowie Ethnizität sind laut Dolezal und ihrer AnhängerInnen sozial konstruiert.[5] Was, anders als die Kultur von nicht-weißen Personen für Queerfeministinnen, ebenfalls jederzeit veränderbar ist, ist das biologische Geschlecht. Ich komme weiter unten auf das Thema biologisches und soziales Geschlecht zurück. Nur so viel für den Moment: Die Veränderbarkeit von diesem und die Unveränderbarkeit von jenem gehören zu den Glaubenssätzen im Queerfeminimus, die weder wissenschaftlich noch empirisch belegt sind, an die sich zu halten, jedoch nicht selten ein Gebot ist, das bei Nichtbeachtung Sanktionen, wie Canceln und Shitstormen, also Ausschluss und Massenbeschimpfung nach sich zieht.

---

[5] Rachel Dolezal: The idea of race is a lie https://www.bbc.com/news/av/world-us-canada-39410805 (30.4.2021)

3. Poststrukturalismus

ist die Annahme, dass Sprache die Realität nicht beschreiben würde, sondern Sprache die Realität erzeugen würde. Objektivität gäbe es demnach nicht. Neben Judith Butler gibt es weitere PoststrukturalistInnen, die weltweit im akademischen Bereich Beachtung fanden und finden, und das, obwohl sie darauf bestehen, dass es keine objektive Wahrheit gebe, sondern nur Diskurse, um Macht zu erringen oder Macht zu zerstören. Für die Gruppe der bekannten männlichen Vertreter dieser Idee sei Michel Foucault genannt. [6]

Früher hat man eine solche Sicht auf die Welt und das Leben Realitätsverweigerung

---

[6] Vita des Michel Foucault http://agso.uni-graz.at/lexikon/klassiker/foucault/14bio.htm (30.4.2021)

genannt, im universitären Bereich ohnehin. PoststrukturalistInnen nennen es Subjektivität, unter jungen Sozialwissenschaftlerinnen in westlich geprägten Staaten ist Subjektivität zum Naturgesetz metamorphosiert. Wie sich das auf Frauen- und Menschenrechte auswirkt, werde ich in diesem Buch aufzuzeigen versuchen.

An dieser Stelle ein aktuelles Beispiel aus den USA, wo man sich momentan mit der Frage befasst, ob Mathematik rassistisch, weil westlich, sei. Lehrpersonal im US-Bundesstaat Oregon soll in Sachen Chancengleichheit sensibilisiert werden. Es sei ein Zeichen „weißer Überlegenheit" von allen SchülerInnen zu verlangen, bei Aufgabenstellungen im Mathematikunterricht zu einem richtigen Ergebnis zu gelangen, weshalb Sensibilisierungs-Kurse für Lehrpersonal angeregt werden. [7]

---

[7] Zur Frage, ob Mathematik rassistisch ist https://www.faz.net/aktuell/gesellschaft/menschen/usa-

Dahinter stecken nicht nur Rassismus, also die Annahme, Menschen aus nichtwestlichen Kulturen seien lernunfähig, sondern auch Unkenntnis der Geschichte. Beispielsweise ÄgypterInnen nutzten Mathematik bereits für die Bewältigung des Alltags, als man sich auf der Nordhalbkugel noch mit Keulen die Köpfe einschlug.

4. Probleme der Zuschreibung von biologischem und sozialem Geschlecht

In der frauenemanzipatorischen Wissenschaft wurde bis zu Butlers Erscheinen unterschieden zwischen dem biologischen Geschlecht (Sex) und dem sozialen Geschlecht (Gender). Beides muss nicht miteinander harmonieren, so kann eine Frau also durchaus Verhaltensweisen wie Durchsetzungs-

benachteiligung-in-mathematik-wegen-herkunft-17222203.html (30.4.2021)

kraft und Draufgängertum an den Tag legen,
Eigenschaften, die bis heute eher Männern
zugeschrieben werden. Selbst in westlichen
Ländern, besonders in kleinen ländlichen
Gemeinden, wird Frauen und Mädchen bis
heute suggeriert, sich um „weibliche Eigenschaften" wie Fürsorglichkeit, Geduld, Zu-
rückhaltung und ein für Männer attraktives
Äußeres zu bemühen, wenn sie auf gesellschaftliche Anerkennung und auf damit verbundene Annehmlichkeiten Wert legen. Dass
ihnen die „weiblichen Eigenschaften" nicht
immer und in allen Lebenslagen, beispielsweise in der Lohnarbeitswelt, weiterhelfen
und natürlich auch über einen gewissen
Punkt hinaus gar nicht weiterhelfen sollen,
ist bekannt.

Butler proklamierte nun, dass aber nicht nur
das soziale Geschlecht, sondern auch das
biologische Geschlecht „diskursiv konstruiert" werde und die Zuschreibung dieses biologischen Geschlechts Probleme bereiten

könne. Definiere man Menschen als biologisch weiblich oder biologisch männlich, geschehe das deshalb, um Macht auszuüben. Nun, bekanntermaßen wird das biologische Geschlecht nicht zugeschrieben sondern im Mutterleib festgelegt. Nebenbei: Da unter Butlers AnhängerInnen (Stand Sommer 2021) aktuell darüber nachgedacht wird, auch die Bezeichnung Mutter durch Mensch, der (!) gebären kann, zu ersetzen, steht zu befürchten, dass zudem, um Menschen, die nicht gebären können, nicht auszugrenzen, auch die Nennung der Gebärfähigkeit verboten werden soll.

Aber zurück zu der Frage der Machtausübung.

Wie jede weiß, kann keinesfalls geleugnet werden, dass Frauen in der Lohnarbeitswelt, in der Politik, im Kunst- und Kulturbereich usw. noch immer lediglich auf dem Papier gleichberechtigt sind. Ob Frauen selbst an ihrer Position in der zweiten Reihe mitarbeiten, nämlich ihren Schwestern stets lediglich so viel Erfolg gönnen, wie sie selbst zu erreichen in der Lage sind, ist eine Frage, die in der Frauenrechtsbewegung immer wieder gestellt wurde, unbequem ist und bislang noch nicht beantwortet wurde und in diesem Buch nicht Gegenstand der Betrachtung sein soll.

Doch wer nun meint, dass es Butler darum ging, Frauen Werkzeuge an die Hand zu geben, mit denen sie sich mehr Macht, Zusammenhalt und Freiheit verschaffen sollten, hat sich getäuscht. Das Gegenteil war der Fall. Butler kritisierte nämlich, dass das Denken in biologischen Geschlechtskategorien bislang die Grundlage für Unterdrückung gewesen wäre. Und das, obwohl Frau und Mann doch reine Konstruktionen wären. Besser oder auch pseudo-wissenschaftlicher kann man gewalttätige Männer kaum freisprechen. Judith Butlers Irrwege in Gesetze gegossen würden abertausende

(Sexual)straftäter glücklich machen.
Einfach ausgedrückt, wäre demnach eine
Gewalttat, etwa das Erzwingen weiblicher
sexueller Handlung durch einen Mann, keine
Straftat an einer Frau mehr, denn das Opfer
sei ja vielleicht gar keine Frau. Ein Körper
mit weiblichen Geschlechtsmerkmalen be-
weise gar nichts.

Judith Butler und die Folgen
Die Grillen einer Frau, die eventuell ihre
Homosexualität nicht mit den gesellschaftlichen Normen in Einklang bringen kann (wie
übrigens zahllose andere Frauen und Männer
auch, selbst in westlichen Ländern im 21.
Jahrhundert) und sich deshalb einfach zum
Verschwinden bringt, waren nicht etwa ein
kurzes US-Feuilleton-Zwischenspiel der
1980er-Jahre. Vielmehr schwappte Butlers
Kopfgeburt nach Europa herüber und fand
auch hier und bis heute zahllose AnhängerInnen, die ob ihres Körpers, ihrer Sexuali-

tät, ihrer Interaktion mit dem anderen Geschlecht oder ob ihrer Gefühlslage Unbehagen empfinden. Anstatt aber für wirkliche gesellschaftliche Akzeptanz von Individualität in allen Lebensbereichen und der Freiheit, tun und lassen zu können, was eine glücklich macht, zu kämpfen, sah und sieht man heute offenbar einen Ausweg darin, konfliktreiche Realitäten, wie das biologische Geschlecht, einfach wegzudefinieren.

Durch die Queer-Theory, gepaart mit Intersektionalität, Kulturrelativismus und Poststruktualismus erlitt die Frauenrechtsbewegung, die jede Mitstreiterin gebrauchen kann, einen Schlag, von dem sie sich vermutlich nicht so schnell erholen wird, wenn überhaupt. Und das Ende der Fahnenstange ist noch nicht erreicht.

Dass ein Großteil der Queerfeministinnen dem Postkolonialismus zuneigt, einer Strömung, die das Fortbestehen imperialistischer Strukturen in allen westlichen Lebensberei-

chen bis hinein ins Private postuliert, sorgt
dafür, dass Gräben vertieft werden und ein
gemeinsamer Kampf der Frauen weltweit
kaum mehr möglich ist. Um nicht falsch verstanden zu werden: Natürlich ist es absolut
richtig, dass Staaten ihre koloniale Vergangenheit, und besonders die im Rahmen derer
begangenen Verbrechen, aufarbeiten, Scha-
densersatz leisten, Raubgut zurückgeben und
Lehren ziehen. Den Postkolonialismus allerdings als Waffe einzusetzen, um Allmacht
und Herrschaft neu zu verteilen, statt Allmacht und Herrschaft abzuschaffen, ist für
jeden Menschen, dem es um Emanzipation
geht, keine Option.

5. Radikalfemnismus

Der sogenannte Radikalfeminismus entstand
in den 1960er-Jahren.

Demonstrationen Studierender, Holocaust-
Aufarbeitung (die bald in linken Antisemitis-

mus umschlug), Friedenspolitik, Rebellion gegen Moralvorstellungen der Eltern – das waren Themen der 1960er-Jahre. Dennoch waren Forderungen nach der Gleichberechtigung der Frau in vielen männerdominierten Gruppen und Kommunen lediglich Lippenbekenntnisse. Frauen, die Männerherrschaft nicht länger dulden wollten, nicht die der Väter und auch nicht die ihrer linken Genossen, schlossen sich zusammen, um für ihre eigenen Interessen zu streiten.

„Das Persönliche ist politisch" und „sisterhood is powerful" lauteten die Parolen.

Da sich zahlreiche lesbische Frauen der neuen Bewegung anschlossen, bekam der Radikalfeminismus bald den Stempel „männerhassend" verpasst.

Einen Beitrag dazu lieferte Valerie Solanas, die Männer für biologisch unterlegen hielt und deshalb heterosexuelle Beziehungen verurteilte. Solanas' diesbezügliche Manifest SCUM Manifesto *(SCUM Manifesto Verso;*

Reprint Edition) erlangte Berühmtheit, erst recht, als Solanas 1968 versuchte, Andy Warhol umzubringen. Allerdings teilten nicht alle Radikalfeministinnen Solanas Philosophie. Das Anliegen insbesondere der Frauen, die mit Männern zusammenlebten, war und ist der Kampf für ausnahmslose Gleichberechtigung der Geschlechter. Radikalfeministische Lesben und „Heteras" formierten sich in den folgenden Jahren zu eigenen Interessengruppen, wobei es Überschneidungen gab und gibt.

Heutzutage sind Radikalfeministinnen hauptsächlich aktiv gegen Prostitution und gegen das Unsichtbarmachen von Frauen, wie es im Queerfeminismus betrieben wird.

Frauenkämpfe

Bevor es weitergeht, eine kurze Exkursion. Das haben Frauen sich in den letzten Jahrhunderten erkämpft:

Frauenwahlrecht

Was vielen jungen Frauen heutzutage unvorstellbar erscheint, war einst Realität. Frauen durften nicht nur nicht wählen, sondern hatten sich aus der Politik insgesamt herauszuhalten. Dass Frauen heutzutage fast überall wählen und aktiv in die Politik gehen können, hat uns die erste Welle der Frauenrechtsbewegung erkämpft.

Den Beginn des Wahlrechts für Frauen machten die Cookinseln 1893. Zuletzt wurde in Bahrein, und zwar 2002, das Frauenwahlrecht eingeführt. Lediglich im Vatikan und in Brunei dürfen Frauen bis heute nicht wählen, in Brunei allerdings auch Männer nicht. In Deutschland wählten Frauen erstmals bei der Wahl zur Deutschen Nationalversammlung am 19. Januar 1919.

Nun könnte man auf den Gedanken kommen, dass das Ziel schneller erreicht worden wäre, wenn sich um 1900 Männer, die sich als Frauen fühlen, geoutet und sich deshalb u. a. das Wählen versagt hätten, bis es „ihrem" Geschlecht durch gemeinsamen Kampf gestattet worden wäre. Ich halte es allerdings für unwahrscheinlich, dass man freiwillig Rechte abgibt, zu dieser Zeit übrigens nicht nur das Recht zu wählen. Im Gegensatz zu damals lohnt sich die Frau-Fühlerei heutzutage nämlich. Auch wenn Frauen in einigen Bereichen noch das Nachsehen haben, gibt es immer mehr öffentlichen Quoten-Platz in Politik wie im Berufsleben, und der wird mehr und mehr mit doppelt oder gern dreifach Diskriminierten besetzt. So hat beispielsweise ein dunkelhäutiger Mann, der sich als Frau fühlt und aufgrund von zu viel Make-up und Tamtam den Unmut „intoleranter" ZeitgenossInnen erregt, einer hellhäutigen Frau gegenüber zwei Asse

im Ärmel: Er muss Spott ob seiner Maskera-
de erdulden, er ist dunkelhäutig und laut in-
tersektionaler Lehre dadurch im Hintertref-
fen. Also der perfekte Kandidat für eine
Quotenstelle. Warum Intersektionalistinnen
dunkelhäutige Menschen so gering schätzen,
dass sie sie automatisch, und zwar erklärt
wegen der Hautfarbe, zu armseligen Opfern
degradieren, ist bislang noch nicht geklärt.

Doch zum nächsten von Frauen erkämpften
Recht: das Recht auf Schwangerschaftsabbruch
Hier gibt es keine einheitlichen Regelungen
weltweit, selbst in den jeweiligen Staaten
werden bereits verabschiedete Gesetze nicht
selten nach Regierungswechsel hin zu konservativ oder rechts zurückgenommen oder
geändert. Das Recht auf Schwangerschaftsabbruch, also das Recht auf körperliche
Selbstbestimmung, ist international ein per-
manenter Kampf der Frauenrechtsbewe-

gung, in nicht wenigen Ländern ist bereits
dieser mit Strafe oder Repression verbunden. Dass Männer, die laut Judith Butler
nicht zwingend Männer sein müssen, eben
diese Strafe und Repression für ein Recht
auf körperliche Selbstbestimmung, von dem
sie keinen Gebrauch machen können, selten
auf sich nehmen würden, versteht sich vermutlich von selbst.

In Deutschland darf übrigens seit 1993 eine
Schwangerschaft bis zur zwölften Woche abgebrochen werden. Ein Beratungsgespräch
mit einem Facharzt mindestens drei Tage
vorher ist Pflicht. Der beratende Arzt darf
am Schwangerschaftsabbruch nicht beteiligt
sein. Nach der 12. Woche darf die Schwangerschaft nur noch abgebrochen werden,
wenn der Schwangeren Lebensgefahr oder
schwerwiegende Gefahr einer Gesundheits-
gefährdung droht.

Damit zum nächsten Frauen-Kampf: Vergewaltigung in der Ehe – Recht auf sexuelle Selbstbestimmung

Der Zwang zu sexuellen Handlungen in der Ehe ist seit 1997 in Deutschland eine Straftat.

In zahllosen Ländern, besonders in religiös geprägten, kommt die Mehrheit der Frauen bis heute nicht einmal auf den Gedanken, dass sie das Recht hätte, Sex mit ihrem Ehemann abzulehnen, wenn sie keine Lust dazu habe. Dass der Ehemann bestraft wird, wenn er dennoch auf Sex besteht, ist für die meisten Frauen auf der Welt unvorstellbar.

Wie sieht es hier mit Judith Butlers Lehre vom biologischen Geschlecht, das es doch gar nicht gäbe, aus?

Der gewalttätige Ehemann könnte vor Gericht darauf pochen, gar kein Mann zu sein. Somit hätten RichterInnen ab sofort auch darüber zu entscheiden, wie die Vergewaltigung einer Frau durch ihre Ehefrau(?) oder

geschlechtsloses Ehe-X(?) zu ahnden wäre.
Um hier nicht in Ulkerei abzugleiten, denn
dafür ist der Vormarsch der Queerfeministinnen zu ernst, erspare ich mir, diese Situation
konsequent weiterzuspinnen, sondern komme zum nächsten Punkt.

Arbeit/Lohnarbeit und Frauenkampf
Hier hat sich über die Jahrhunderte in meh-
rerer Hinsicht etwas getan.
Dass Frauen in Westdeutschland bis 1977
nur mit Erlaubnis ihres Ehemanns eine
Lohnarbeit aufnehmen durften, wenn diese
„ihren ehelichen und familiären Pflichten“
nicht im Wege stand, sprich, wenn sie nach
Dienstschluss auch noch in der Lage waren,
den Haushalt zu schmeißen und die Kinder
zu versorgen und zu erziehen und sich danach für den Gatten ansprechend herzurich-
ten, dürfte allgemein bekannt sein.
Was die Geschichte weiblicher Lohnarbeit
angeht, hier ein kurzer Überblick:

Im Westeuropa des beginnenden 19. Jahrhunderts entstanden Lohnarbeitsmöglichkeiten außerhalb der Landwirtschaft.

Mädchen und Frauen, die aus bildungsfernen, weil armen Verhältnissen stammten und den Lebensunterhalt ihrer Familien mitverdienen mussten, gingen in Arzt-, Beamten- und Unternehmerhaushalten in den Dienst. Dort kochten, putzten, bedienten, wuschen sie und versorgten die Kinder der ArbeitskraftnehmerInnen.

Frauen der höheren Stände lohnarbeiteten zu dieser Zeit in der Regel nicht. Ihre Aufgabe war es, die Dienstbotenschaft zu beaufsichtigen und Veranstaltungen zu Hause oder in der Gemeinde zu organisieren.

Wer bürgerlich geboren wurde, aber in einer Ehe nicht das passende Lebensmodell für sich sah, oder arm geboren wurde, aber nicht im Bürgerhaus in den Dienst gehen wollte, konnte sich um die Aufnahme in ein Kloster bewerben. Auch dort fielen Haus- und Gartenarbeit an, die zum größten Teil von den Nonnen und Novizinnen selbst erledigt wurde. Zudem erteilten Nonnen aus höheren Bildungsschichten Unterricht. Und beteten. Ora et Labora lautete das Motto des Klosteralltags. Der Unfreiheit der bürgerlichen Frau oder der Schinderei der Frau aus armen Verhältnissen war auch im Kloster nicht zu entkommen.

Fabrik-Lohnarbeiterinnen

Mit Einzug der Industrialisierung in Westeuropa fanden arme Frauen auch Lohnarbeit in Fabriken. Höhere Bildungsabschlüsse waren für zahllose Frauen unerreichbar, weil Schulen Geld kosteten beziehungsweise Mädchen und Frauen als Arbeitskräfte gebraucht wurden. Zwar bestand ab 1919 mit der Weimarer Verfassung allgemeine Schulpflicht in Deutschland, doch strikte Kontrollen, wie heutzutage üblich, gab es nicht.

So ist es wenig verwunderlich, dass Frauen aus bildungsfernen Ständen mehr noch als bürgerliche Frauen den Besuch einer Schule oder Universität und eine anschließende Berufstätigkeit in einem Bereich, der intellektuelle Fähigkeiten erforderte, als Akt der Emanzipation ansahen, selbst dann noch, wenn sie dazu auch weiterhin für den Haushalt und die Kindererziehung zuständig waren.

Bis heute hat sich daran wenig geändert. Eine gute Position in der Wissenschaft, im Lehrbetrieb oder im Arztkollegium einer Klinik gilt für viele Frauen weiterhin als ein Akt der Befreiung. Dass dabei noch immer Stress und Doppelbelastung durch Haushalt und Kindererziehung bewältigt werden müssen, scheint der nicht anzutastende Preis dafür zu sein, nicht nur zwischen anstrengender Lohnarbeit und stupider Hausarbeit wählen zu wollen.

Gleichwohl lohnarbeiten nach wie vor zahllose Frauen in Bereichen, die anstrengend, gesundheitsgefährdend, schmutzig sind. Meistens, weil ihnen nichts anderes übrig bleibt. Dass Männer, die sich als Frau fühlen, sich da doch lieber einen Quotenplatz in einem attraktiven Berufsbereich schnappen, darf man eventuell als männlichen Pragmatismus werten, von dem wir Frauen etwas lernen können. Stolz zu verzichten, weil man „keine Quotenfrau" sein will, heißt nicht selten, ganz und gar zu verzichten. In der Erwerbslosigkeit inklusive aller Schikanen der Ämter hilft einer der Hochmut wenig.

Es gibt zahllose weitere Beispiele von Situationen, in denen Männern ihr Sich-als-Frau-Fühlen vermutlich hinten anstellen würden, weil das mehr Einschränkungen mit sich brächte, als die Füße in Übergröße-High Heels zu zwängen und damit durch die Gegend zu staksen.

Dennoch heißen Frauen aus dem Queerfeministen-Lager diese gefühlten Frauen willkommen, die nach und nach ihre Plätze einnehmen, sei es, dass sie auf Veranstaltungen
wie Frauen-Tag-Demos vor die Kameras
und Mikros treten, um für „alle Frauen“ zu
sprechen, sei es, dass sie verlangen, das
Sprechen über Frauen und das Sprechen
über Gewalt gegen Frauen abzuschaffen,
weil es sie diskriminiere, sei es, dass sie verlangen, die Bezeichnung Frau abzuschaffen
(außer für sich selbst), weil es keine Frauen
gäbe (außer Männer, die sich als Frau fühlen).

Profi-Sport

Interessant ist diesbezüglich der Profisport,
wo Männer, die sich als Frauen fühlen, aufgrund ihres Körperbaus bzw. Muskelaufbaus
im Vorteil wären, würden sie gegen Frauen
antreten. Im Spätsommer 2020 entspann sich
darüber eine Diskussion in den Medien, die

Süddeutsche Zeitung titelte: *Wo der Sport ratlos ist*

Nur der Sport? Als sei es nicht völlig logisch, dass man im Alltag ständig vor „Herausforderungen" steht, lässt man sich bis zur letzten Konsequenz auf die Queer-Logik ein. Zumindest im Rugby-Weltverband fand man kurz darauf zurück zur Realität. Konkret ging es um einen Herrn namens Caroline Layt, der 20 Jahre mit seinesgleichen Rugby gespielt hatte und dann seine Liebe für den Frauensport entdeckte – und zwar für den aktiven Frauensport. Dass Männer in Frauenrugby-Mannschaften antreten dürfen, will der Weltverband ab sofort verbieten. Wir dürfen gespannt sein, ob er sich durchsetzen kann. [8]

---

[8] Trangender und Sport am Beispiel von Rugby https://www.sueddeutsche.de/sport/rugby-transgender-1.5022035 (30.4.2021

Muslimischstämmige Schwestern

Wer nun meint, die Queer-Theory sei eine
Disziplin, im Rahmen derer Feministinnen
der Dritten Welle lediglich sich selbst bzw.
ihre Schwestern aus westlich sozialisierten
Ländern freiwillig in die zweite Reihe hinter
Männer stellen oder aber ganz wegdefinieren, dem sei gesagt, dass dem nicht so ist.
Perfide ist, dass Queerfeministinnen den
Rückschritt für alle Frauen rund um den
Erdball fordern und islamistische Bestrebungen im Westen auch gegen den Willen von
emanzipierten Musliminnen als schützens-
und förderungswertes Kulturgut betrachten.
Damit sind sie auf der Linie der Bundesregierung. Auf geduldete und geförderte islamistische Initiativen und Personen komme

ich detaillierter in einem späteren Kapitel zu sprechen.

Der mit der Queer-Theory vergesellschaftete Kulturrelativismus ist eine Komplizenschaft zwischen Queerfemistinnen und unterdrückenden Männern archaischer Systeme. Das Einschränken, Steinigen und Verstümmeln von Frauen wird als kulturell bedingt gehandelt und ist deshalb zu achten, will man sich nicht dem Rassismusvorwurf aussetzen. So mag es nicht verwundern, dass auf einem der zahlreichen Twitter Accounts eines bekannten iranischen geistlichen Oberhauptes und Frauenmörders mit Gendersternchen kommuniziert werden.

Ajatollah Khamenei

@de_Khamenei

20. Dez. 2020
*Krankenschwestern sind Engel der Barmherzigkeit für die Patienten. Das ist eine wahre Metapher und gar keine Übertreibung. Krankenpfleger*innen kümmern sich sowohl um den Leib als auch um die Seele*

des Patienten. Pflegekräfte beruhigen, strei-
cheln und trösten den Kranken.
Quelle: Twitter-Account Ajatollah Khame-
nei, Tweed vom 20. Dezember 2020 [9]

Dies richtet sich an die Follower in Deutschland. Für osteuropäische und englischspra-
chige Follower gibt es jeweils weitere Accounts unter dem User-Namen Ajatollah
Khamenei, die vermutlich sämtlich von seinen Getreuen in den betreffenden Ländern
betwittert werden. Die Despoten dieser Welt
beschäftigen heutzutage Social-Media-Bera-
terInnen. Um die eigene schmutzige Agenda
durchzudrücken, scheint man sich auf frei-
heits- und demokratie-müde westliche Frau-
en einzustellen, die natürlich für das eigene
religiöse (laut Queerfeminismus zu achten-
de) Empfinden viel zu viele Rechte genießen, weshalb man sie, lebten sie im eigenen

---

[9] https://twitter.com/de_Khamenei/status/
1340631378673733634 (1.5.2021)

Land, einsperren, auspeitschen oder steinigen würde. Aber als nützliche Idiotinnen scheinen sie allemal gut genug zu sein. Dass in vielen muslimisch geprägten Ländern soziale Netzwerke zeitweise oder dauernd abgestellt sind, dürfte bekannt sein. Im Iran ist Twitter nicht gesperrt, die Abschaltung wird von den Regierenden jedoch immer wieder gefordert.

Ex-Präsident Hassan Rouhani, der im Westen als gemäßigt gehandelt wird, unter dem aber dennoch RegimegegnerInnen, Frauen und Homosexuelle verhaftet oder gar gehängt wurden, unterhielt ebenfalls Twitter-Accounts[10], einen in der Landessprache, einen auf Englisch. Auf Letztem wurde Propaganda betrieben, der Iran als ein demokratisches Land dargestellt.

---

[10] Hassan Rouhani bei Twitter https://twitter.com/hassanrouhani?lang=de (1.5.2021)

Westliche PolitikerInnen scheinen die Selbstdarstellung des Irans als Demokratie allerdings für bare Münze zu nehmen. Anders ist es nicht zu erklären, dass am 20. April 2021 der Iran in die UN Frauenrechtskommission gewählt wurde.[11] Laut United Nations Watch haben vier westliche Länder für den Iran gestimmt. Die Abstimmung war geheim, auch Deutschland hat teilgenommen. Ob Deutschland mit Ja oder Nein gestimmt hat, ist bislang (Ende Mai 2021) nicht bekannt. Um das zu klären, hatten „Frauen für Freiheit"[12], eine emanzipatorische Initiative von Frauen mit und ohne

____

[11] Iran wurde in ein Gremium für Frauenrechte gewählt https://www.un.org/press/en/2021/ecosoc7040.doc.htm (1.5.2021)

[12] Die Initiative Frauen für Freiheit möchte wissen, wie Deutschland gestimmt hat https://frauenfuerfreiheit.de/Aktuelles-90897.html (1.5.2021)

muslimischem Migrationshintergrund, am 3. Mai 2021 einen offenen Brief an Heiko Maas geschrieben. Er möge Deutschlands Stimmverhalten in diesem Fall öffentlich machen.

In Österreich hatte die Abgeordnete Henrike Brandstötter[13] eine parlamentarische Anfrage bezüglich Österreichs Abstimmungsverhalten gestellt. Bislang ohne Antwort.

Der Niederländische Sozialwissenschaftler Ruud Koopmans[14], der zu Integration und Assimilation von MigrantInnen forscht,

---

[13] Die Abgeordnete Henrike Brandstötter möchte wissen, wie Österreich gestimmt hat https://www.parlament.gv.at/PAKT/VHG/XXVII/J/J_06479/index.shtml?fbclid=IwAR3uNYrLx-zwC-RWpsGHYRYHJ5pPml3cW-gJeWEdnv-m97yOCk-9RUuqWdXM (1.5.2021)

[14] Ruud Koopmann zum Marsch von IslamistInnen durch die Institutionen

weist immer wieder und zuletzt im April 2021 bei der Online-Veranstaltungsreihe des Rosa Salon „Gesichter des Politischen Islam" darauf hin, dass sich inzwischen parallel zum Islamismus in muslimisch geprägten Ländern ein europäischer Islamismus herausgebildet habe. Laut Koopmans ist es nicht der Islamismus der Bombengürtel und Attentate, sondern der des Marsches durch die Institutionen plus westlicher Kooperation: IslamistInnen an westlichen Universitäten, die ihre Thesen verbreiten dürfen und dafür sorgen, dass Kritik als „Islamophobie" oder „antimuslimischer Rassismus" gelabelt werde.

Koopmans spricht sich für etwas aus, das selbstverständlich sein sollte, nämlich im Westen Auslandsfinanzierung durch diktato-

---

Veranstaltung des Rosa Salon online am 20. April 2021: Politischer Islam: Verdrängung an die Peripherie? Mitschnitt: https://www.youtube.com/watch?v=3q5NmIR1fLI (30.4.2021)

rische Regime zu verbieten, IslamistInnen und ihre Projekte nicht mehr zu subventionieren sowie IslamistInnen nicht mehr in Gremien einzuladen. Davon ist man aktuell beispielsweise in Deutschland weit entfernt. Die Politik subventioniert und Queerfeministinnen liefern die ideologische Begleitmusik.

Ein Positionspapier der CDU/CSU-Fraktion im Deutschen Bundestag[15] lässt darauf schließen, dass einigen deutschen PolitikerInnen das Problem zumindest bekannt ist. So heißt es im Entwurf vom 15. April 2021 unter dem Titel

---

[15] Positionspapier der CDU zum politischen Islam

https://www.christophdevries.de/wp-content/uploads/2021/04/PP-Politischer-

Islamismus_neu.pdf?fbclid=IwAR24xdLkQA-Rx4

XUocEUXRkzEr_7-jKag7RdSHAiOh1_nAZ-qIAzpoq2VyVJA (30.4.2021)

„Die freiheitliche Gesellschaft bewahren, den gesellschaftlichen Zusammenhalt fördern, den Politischen Islamismus bekämpfen"

u. a.:

[...] Wenn in einigen deutschen Moscheen der Märtyrertod gepriesen wird, wenn sich in Berlin, Hamburg und Frankfurt Islamisten treffen, um gegen die Meinungs- und Pressefreiheit zu demonstrieren und damit Solidarität mit dem Mörder des Lehrers Paty bekunden, wenn Kinder an Berliner Schulen diesen Mord mit der Bemerkung abtun, der Lehrer habe bekommen, was er verdiene, dann können wir das nicht hinnehmen. Dazu gehört auch, offen und klar zu benennen, dass die Verbreitung von islamistisch gefärbtem Nationalismus, Hetze gegen Christen und Juden, das Bestreiten des Existenzrechts Israels und Kriegsverherrlichung schon länger zum traurigen Alltag in Deutschland gehören. Hinzu kommen Fälle von zunehmendem unmittelbarem Einfluss ausländischer Regierungen auf Muslime in unserem Land, zum Teil unter dem Deckmantel der Religionsfreiheit […]

[...] Dieser Politische Islamismus, der vordergründig gewaltfrei agiert, aber Hass, Hetze und Gewalt schürt und eine islamische Ordnung anstrebt, in der es keine Gleichberechtigung, keine Meinungs- und Religionsfreiheit und auch keine Trennung von Religion und Staat gibt, hat sich in Teilen unserer Gesellschaft breitgemacht [...]

Zur Trennung von Religion und Staat sei angemerkt, dass in diesem Punkt auch in Deutschland noch Luft nach oben ist, denn beispielsweise treibt der deutsche Staat Kirchensteuern ein. Aber zurück zum Positionspapier. Als Lösung wird dort u. a. Grundlagenforschung zum politischen Islam vorgeschlagen, außerdem die Beendigung von Kooperation und Vertragsbeziehungen mit dem politischen Islam. Man darf gespannt sein, ob und welche Konsequenzen dieses Positionspapier haben wird. Eventuell gar keine, wie der letzte Satz dieses Abschnitts befürchten lässt:

[...] Dies schließt gesetzliche Steuervergünstigungen im Sinne der Gemeinnützigkeit ein, wenn die Körperschaft nach ihrer Satzung und tatsächlichen Geschäftsführung verfassungsfeindliche Bestrebungen verfolgt. Auszunehmen davon sind notwendige Gesprächskontakte der Regierungen und der Behörden von Bund und Ländern [...] Dennoch: Die Erkenntnis, dass es so nicht weitergehen kann, scheint da zu sein. Dass ein Thesenpapier zum Thema Gefahr durch anti-emanzipatorische Umtriebe einzig von der konservativen CDU/CSU erstellt wird und nicht zudem von der linken, sozialdemokratischen, liberalen oder grünen deutschen Partei, ist allerdings ein Armutszeugnis. Irrungen und Wirrungen unter Politiker-

Innen, die sich fortschrittlich und emanzipiert geben – warum?

Wie man im queerfeministischen Lager auf dieses Papier reagieren wird, dürfte interessant werden, bislang hatte man in Sachen Kooperation mit anti-emanzipatorischen Kräften ja Rückendeckung aus der Politik.

Was aber macht es nach Hunderten von Jahren Kampf für weibliche Emanzipation überhaupt so attraktiv für westlich sozialisierte Frauen, sich selbst wieder in die zweite Reihe zu stellen bzw. sich selbst aufzulösen sowie Unterdrückung von und Mord an Frauen weltweit als „Kulturgut“ abzunicken, statt mit den Schwestern auf der ganzen Welt gemeinsam auch weiterhin für ein freies, glückliches Leben zu kämpfen?

Ja, was macht es attraktiv, sich sogar selbst der Antiemanzipation zu unterwerfen und zum Beispiel als westlich sozialisierte Frau den muslimischen Glauben anzunehmen, sich dem sogenannten Islamischen Staat oder einer anderen islamistischen Gruppierung anzuschließen, sich freiwillig zu verschleiern, das Haus zu hüten, einem Islamisten Kinder zu gebären und diese in islamistischer Ideologie zu unterweisen, also so zu leben, wie in diesen Kreisen von einer „ehrbaren" Frau gefordert?

Natürlich möchte ich nicht alles in einen Topf werfen und Queerfeministinnen unterstellen, dass sie bereit wären, in den „heiligen Krieg" zu ziehen. Oft ist es ja genau umgekehrt (zu den westlich sozialisierten Frauen, die sich Islamisten anschließen, komme ich gleich) – Queerfeministinnen nehmen für sich selbst westliche Freiheit, wie Wahl der Bekleidung, Demonstrationsrecht, Recht auf Bildung, Recht auf freie Sexualität usw., in Anspruch, wenn sie damit keinen Mann in ihrem Umfeld, der in die von ihnen festgelegte Opfergruppe fällt, in seinen Rechten beschneiden. Frauen anderer

Kultur aber sollen sich mit Gewalt abfinden. Doch ob Rückschritt für sich selbst oder für die andere – es drängt sich die Frage auf, wie es sein kann, dass westlich sozialisierte Frauen Emanzipation überhaupt infrage stellen, egal, ob es um sie selbst oder die andere geht.

Und noch einmal: Nein, Queerfeministinnen konvertieren nicht in Scharen zum Islam. Dennoch möchte ich hier kurz einen Blick auf die Frauen werfen, die sich aktiv dem Islam zuwenden, denn ihre Vitae sind auch in Bezug auf den Queerfeminismus interessant. Erhellendes dazu hat der Sozialpsychologe Andreas Zick bei Untersuchungen, warum sich westliche Jugendliche islamistischen Gruppen anschließen, herausgefunden[16]. Mit

____

[16] Andreas Zick zur Radikalisierung von Jugendlichen https://www.deutschlandfunkkultur.de/vorbild-islamismus-wie-der-is-jugendliche-im-internet.1008.de.html?dram:article_id=309064 (30.4.2021)

den üblicherweise in solchen Fällen herbei-
zitierten Gründen, wie schwere Kindheit,
Aufwachsen im bildungsfernen Haushalt,
Aufwachsen bei lieblosen bis gewalttätige
Eltern, schwere pubertäre Sinnkrisen u. Ä.,
kommt man nämlich hier nicht weiter. Junge
Menschen, und zwar Männer wie Frauen,
die sich dem islamischen Staat anschlossen,
waren laut Zick in den meisten Fällen erfolgreich in der Schule und kamen aus
durchschnittlich bzw. überdurchschnittlich
gebildeten bzw. liebevollen Elternhäusern.
Zudem gäbe es aber auch Jugendliche mit
schwachem Selbstwertgefühl, die in islamistischen Kreisen Anerkennung erführen.
Die Gründe, warum junge westlich sozialisierte Menschen die Unfreiheit wählen, sind
also nicht eindeutig zu benennen, was man
aber sagen kann, ist, dass man es nicht mit
lediglich vernachlässigten Kindern und Ju-

---

gendlichen aus bildungsfernen Gesell-
schaftsschichten zu tun hat.

Man kann Zicks Untersuchungsergebnisse
auf westlich sozialisierte Frauen übertragen,
die dem Queerfeminismus und damit u. a.
der Kritiklosigkeit an einer anti-emanzipatorischen Ideologie wie dem Islam anhängen.
Schaut man sich die Profile und Vitae dieser
Frauen, zumeist im Alter zwischen 20 und
Ende 30, in sozialen Netzwerken, Blogbei-
träge oder, bei den bekannteren Vertreterinnen, in Magazinen und Zeitungen an, findet
man selten „Aufstieg" aus armem, bildungs-
fernem Milieu, sondern vielmehr die junge
Frau aus der Mittelklasse mit höherer bzw.
akademischer Schulbildung und allem, was
dazu gehört, allerdings häufig prekär beschäftigt, bzw. aktuell zum ersten Mal nicht
mehr prekär beschäftigt, und zwar nicht
mehr, seit immer mehr Stellen im Integrati-
ons- und Kulturbetrieb geschaffen wurden,

die intersektional und kulturrelativistisch getönt sind.

Was also treibt diese emanzipations-müden jungen Frauen an? Der Wille, eine sichere Lohnarbeitsstelle zu ergattern? Sicher auch. Meiner Meinung nach aber zudem das, was junge Menschen immer antrieb – Rebellion gegen gesellschaftliche Verhältnisse bzw. Rebellion gegen die Elterngeneration. So ist die Hinwendung zur emanzipations-feindlichen Ideologie des Islams vielleicht die momentan letzte, als mutig empfundene Rebellion in westlichen Staaten, wo von Abtreibungsrecht über Bildungsrecht über Recht auf selbstbestimmte Sexualität und körperliche Unversehrtheit über Demonstrationsrecht über Wahlrecht für Frauen alles geht und man für das, was nicht geht, jederzeit demonstrieren darf. Und auch mit einem wilden äußeren Erscheinungsbild, wie beispielsweise dem grell gefärbten Irokesen-Haarkamm anno 1980 oder der durchlöcher-

ten Jeans, ist ja längst niemand mehr zu
schocken. Die Großmütter-Generation mit
buntem Haar, die Mütter-Generation mit Un-
dercut und Designer-Jeans, die durchlöchert
aus der Fabrik kommen – das alles ist Nor-
malität im Jahre 2021.

Der Islam mit seinem archaischen Anti-Hu-
manismus, gepaart mit dem Versprechen der
Geborgenheit für die, die ihm folgen, ist dagegen der Punk der heutigen Zeit, und was
ihn zudem offenbar attraktiv für westliche
junge Frauen macht, ist, dass er die Disharmonie zum männlichen Geschlecht heilen
soll.

Wie bereits beschrieben, beinhaltet die
Agenda der Queerfeministinnen Tugenden,
die Frauen über Jahrhunderte anerzogen
wurden: Zuständigkeit für die vermeintlich
Diskriminierten dieser Welt = Männer, dazu
das Versprechen von Harmonie innerhalb
dieser anti-emanzipatorischen Ideologie,
wohingegen in westlichen Gesellschaften

nicht mal mehr KleinbürgerInnen Wert auf Harmonie legen, sondern in den Kommentarspalten der sogenannten meinungsbildenden Zeitungen und in den sozialen Netzwerken vielmehr jegliche Umgangsformen im Galopp überspringen.

Die beiden ersten Wellen der Frauenbewegung haben Männer und Frauen voneinander entzweit, die althergebrachte und für viele Männer bequeme Ordnung wurde durcheinandergewirbelt. Bis heute ist es nicht gelungen, auch nicht in den westlichen Staaten, gemeinsam ein entspanntes emanzipiertes Leben zu führen. Der Queerfeminismus mit seinem Zurück zu weiblichen Tugenden soll es nun richten. Statt Lösungsvorschläge zu formulieren, wie beide Geschlechter gleichberechtigt zusammenleben können, hat queerfeministische Frauen der Glaube an Gleichberechtigung verlassen. Die Queerfeministin möchte sich von den vorangegangenen Frauenbewegungen abheben und wieder gesellschaftsfähig sein, was zuallererst bedeutet, die eigenen Bedürfnisse nicht mehr wichtiger zu nehmen als die des Mannes – als hätten Frauen dies jemals in übertriebener Form getan. Die Queerfeminnistin ist es leid, als „nerv-tötende Emanze" dazustehen. Der Konflikt zwischen Sehnsucht nach gutem Einvernehmen mit Männern und dem, was Frauengenerationen zuvor erkämpft haben, ist nicht zu überbrücken. Also hat die Queerfemnistin sich einen Trick überlegt. Frau definiert sich einfach weg und kümmert sich als geschlechtsneutrales Geschöpf um die neuen vermeintlich Geplagten und Verlassenen dieser Welt: Männer, die meinen, Gewaltausübung, Unterdrückung und Herrschaft beispielsweise im Namen der Religion sei ihr naturgegebenes Recht, bzw. Männer, die meinen, ein greller Lippenstift und ein paar Stöckelschuhe mache sie zum Anführer aller Frauen.

Und wie sieht all das nun in der Realität aus?

Zunächst ein Blick in die USA, von wo aus Judith Butler gut 30 Jahre zuvor ihre abenteuerlichen Thesen um die Welt schickte. Was ihre Kriegserklärung gegen Frauen für Folgen hat, zeigt sich seit einigen Jahren sehr deutlich. Gehen wir vier Jahre in der Zeit zurück.

USA, 21. Januar 2017

Erster Tag nach Amtseinführung von Donald Trump: Zahllose Frauen gehen in Washington auf die Straße, um ihrer Abneigung gegen den neuen Präsidenten Ausdruck zu verleihen. Dass Frauen mit einem Präsidenten, der vor laufender Kamera sexistischen Bullshit und Beleidigungen von sich gibt, nicht einverstanden waren, leuchtet ein. Auch, dass befürchtet wurde, unter so einem Mann würde der Hass auf alles und alle, die einem konservativen Amerika-Bild nicht entsprechen, zunehmen. Warum die Initiatorinnen der Demo sich selbst aber durchaus zugestanden, bestimmte Frauen auszugrenzen, bleibt vermutlich eines der queerfeministischen Geheimnisse.

Doch von vorne: Initiiert hatte die Aktivistin Teresa Shook diese Demo gegen Trump[17] bereits Ende 2016 über einen Facebook-Aufruf. Unter anderem wurden die Teilnehmerinnen dazu ermuntert, als Erkennungszeichen der Bewegung sogenannte pussy hats zu tragen, rosa Strickmützen, die man als albern bezeichnen kann, die jedoch, wie sich wenig später herausstellte, das Harmloseste der Veranstaltung bleiben sollten.

Es folgten weitere Demos gegen Trump, an

---

[17] Mehr Information zum Women´s March https://www.britannica.com/event/Womens-March-2017830 (1.5.2021)

denen Tausende Frauen teilnahmen, schließlich entstand das Women's-March-on-Washington-Event.

Eine Bewegung, die schnell so populär wird, braucht gute Organisation. Also bildete sich zu diesem Zweck ein Team aus Vanessa Wruble, Tamika D. Mallory, Carmen Perez, Linda Sarsour und Bob Bland.

Mindestens Linda Sarsour war bereits zu diesem Zeitpunkt keine Unbekannte mehr. Die gläubige Muslimin, nach eigenen Angaben glücklich in arrangierter Ehe lebend, war einige Jahre zuvor Initiatorin der Performance „The Hijabi Monologues" gewesen, in der es um die positive Darstellung weiblicher Verschleierung ging. Dafür wurde Sarsour 2011 vom Weißen Haus unter der Regentschaft von Präsident Obama als Heldin des Wandels ausgezeichnet. Warum es einen Wandel darstellt, das Unsichtbarmachen von Frauen als stylisch und positiv darzustellen, blieb bereits damals ein Rätsel.

Auch Folgendes lässt den Schluss zu, dass Sarsours eigentlicher Kooperationspartner nicht etwa emanzipierte Frauen, sondern vielmehr anti-emanzipatorische Männer und deren Gehilfinnen waren und sind.

2011 erklärte Sarsour: „Die Scharia ist vernünftig und wenn man sie im Detail liest, macht alles sehr viel Sinn!“

Bekanntlich ist die Scharia eine von Menschen verfasste Sammlung von Regeln und Gesetzen, deren Urheber Allah sein soll, der für Frauen u. a. Verstümmelung, Zwangs- und Mädchenehe, Vergewaltigung, Freiheitsberaubung und bei Ungehorsam den Tod vorgesehen habe. Auch häusliche Gewalt gilt als legitime „Erziehungsmaßnahme“, wenn eine Ehefrau auf den für sie evtl. lebensgefährlichen Gedanken kommt, ihrem Ehemann nicht in allen Lebenslagen widerspruchslos zu gehorchen. Im Koran, Sure 4 Vers 34 wird es so festgezurrt.

Auch in der Bibel steht Frauenverachtendes?

Richtig. Weshalb Frauenrechtlerinnen mit Beginn ihrer emanzipatorischen Bewegungen stets betonten, dass ein Frauen-Unterdrückungssystem wie Religion mindestens zu kritisieren sei, statt als kulturelles Gut gefeiert zu werden. Dass darüber hinaus, Frauenrechtlerinnen sei Dank, in den meisten westlichen, christlich geprägten Ländern heutzutage häusliche Gewalt eine Straftat und nicht ein Zeichen von lobenswerter Gottesfürchtigkeit ist, dürfte bekannt sein.

Die somalische Frauenrechtlerin Ayaan Hirsi Ali, als Mädchen genital verstümmelt, kämpft seit vielen Jahren gegen diese und andere Formen des Frauenhasses, weshalb sie es nach Meinung der Feministin Sarsour verdient hätte, dass man „ihr den Hintern versohlt".

„Am liebsten würde ich ihr ihre Vagina wegnehmen! Sie verdient es nicht, Frau zu sein", lässt Sarsour des Weiteren verlauten.

Hirsi Ali erklärte dazu, was sich jede denken
kann: „Sie hasst mich, weil ich die Scharia
entlarve." [18]

Auch davon, dass Feministinnen keine Zionistinnen sein könnten und dass ZionistInnen Nazis seien, ist Sarsour überzeugt. Nach
eigenen Angaben ist sie „sehr überzeugte
Anhängerin" der Boykottbewegung BDS.
BDS ist eine Kampagne gegen den jüdischen Staat mit AnhängerInnenschaft in den
unterschiedlichsten Interessengruppen. Die
Ziele von BDS werden bewusst, je nach In-
teressengruppe, unterschiedlich formuliert,
um Kritik an der Bewegung zu erschweren.
So formulieren BDS-AnhängerInnen eine
Bandbreite an Forderungen vom Boykott
solcher Waren, die in den umstrittenen Ge-
bieten hergestellt werden, bis hin zu dem
Ziel, Israel judenfrei zu machen, indem man

---

[18] Linda Sarsour und Hirsi Ali zur Scharia
https://www.emma.de/artikel/linda-sarsour-eine-
vorzeige-feministin-335065 (30.4.21)

Jüdinnen und Juden „ins Meer treibt“. Die BDS-Bewegung schadet nicht nur Jüdinnen und Juden, sondern u. a. auch arabischen LohnarbeiterInnnen, die wegen des Boykotts ihre Jobs verlieren.

Sarsour schied schließlich aus dem Vorstand des Women's March aus, um in Bernie Sanders' Wahlkampfteam mitzuwirken. Ersetzt wurde sie durch Zahra Billoo, ebenfalls Kollaborateurin anti-emanzipatorischer Männerbünde, die sich zuvor bereits durch das Philosophieren auf Twitter einen Namen gemacht hatte. [19]

Zwei Beispiele:
„Kein Bedarf an einem Holocaust-Museum, in Anbetracht dessen, dass Israel es auf sich

---

[19] Zarah Billoo bei Twitter

https://twitter.com/zahrabilloo/status/
19449249471 (30.4.2021)

genommen hat, einen neuen zu schaffen.
#Israel #Nazis"

oder:

„Die Hamas zu verurteilen, Raketen auf
[Apartheid] Israel abzufeuern, ist, wie eine
Frau zu verurteilen, weil sie ihren Vergewal-
tiger schlug."

Zur letzten Äußerung sei angemerkt, dass
eine Frau, die unter den herbeigesehnten
Scharia-Gesetzen ihren Vergewaltiger
schlägt, nicht verurteilt, sondern getötet
wird. Und zwar legal.
Dass unter der Hamas zahllose arabische
Frauen in Gaza leiden, weil z. B. Schulen
angewiesen wurden, Mädchen nur mit Kopftuch den Zugang zu gestatten, oder aktuell
entschieden wurde, unverheiratete Frauen
nicht ohne die Genehmigung ihres Vor-
munds reisen zu lassen, spielt für die Feministin Billoo keine Rolle.

Immerhin – die Wahl Billoos in den Women's March-Vorstand löste Proteste aus, keine zwei Tage später schied Billoo wieder aus dem Vorstand aus. Nun war es jedoch keineswegs so, dass Billoo eingesehen hatte, mit offen antisemitischen und anti-emanzipatorischen Twittereien nicht jede Frau begeistern und zum Mitmachen beim Women's March animieren zu können. Im Gegenteil. Ein Dementi war von ihr nicht zu hören, dafür überschlugen sich ihre Anhängerinnen, bei Twitter einen Empörungssturm nach dem anderen zu entfachen, da Billoo Opfer von „antimuslimischem Rassismus" geworden wäre. Warum eine Religion eine Rasse ist, konnte allerdings keine erklären.

Falls es bis hierhin noch nicht deutlich geworden ist: Der Women's March stellte keine Veranstaltung speziell für solche muslimischen Frauen dar, die ihrer Heimat USA zwar auf der einen Seite Vorteile abgewin-

nen können, nämlich vermutlich den, dort
ein freieres Leben führen zu dürfen als in
muslimisch geprägten Ländern, sich jedoch
dennoch nach Traditionen und Autorität
muslimisch geprägter Gesellschaften sehnen
und nun gegen die Unvereinbarkeit beider
Systeme anrennen. Der Women's Marsch
war vielmehr eine Veranstaltung, die von
Anfang an ebenso andersreligiöse (mit Ausnahme pro-zionistischer Jüdinnen) oder
atheistische Frauen jeden Alters und jeglicher sexueller Orientierung, jeglicher Hautfarbe und jeglicher Nationalität ansprechen
sollte, und auch tatsächlich ansprach.
Die Zerrissenheit zwischen Moderne und
Tradition der muslimischstämmigen Amerikanerinnen im Women's March-Team, sowie
das kulturrelativistische, intersektionale
Weltbild vieler Anhängerinnen sorgte jedoch
von Anfang an für eine anti-emanzipatorische Grundtönung, die von Unterstützerin-

nen des Women's March gar nicht oder nicht nennenswert kritisch reflektiert wurde. Schließlich, im Jahr 2018, war der Women's March Kandidat für den Menschenrechtspreis der Friedrich-Ebert-Stiftung. Es mussten erst der Arbeitskreis Kritik des Antisemitismus und Jüdische Studien der FES und StipendiatInnen der Stiftung protestieren, um die Stiftung auf die antisemitische Ausrichtung des Women's March aufmerksam zu machen. Die Friedrich-Ebert-Stiftung ließ verlauten, die Vorwürfe prüfen zu lassen, und zog den Preis zurück. Die Angelegenheit war schließlich ohne allzu großes Presse-Echo über die Bühne gegangen und versandet.[20] Der Hype um den Women's March aber zum Glück ebenfalls.

Westeuropa

---

[20] https://www.fes.de/presse/aktuelle-pressehinweise/menschenrechtspreis-2018-der-friedrich-ebert-stiftung/(1.5.2021)

Auch in Westeuropa verspüren immer mehr
Frauen Unbehagen an den Werten der Aufklärung und erhoffen sich Geborgenheit in
der „woken" Gefühligkeit des Queerfeminismus. Zumeist sind sie unter 40, links gesinnt
und akademisch gebildet.

Kulturrelativismus, Poststrukturalismus und
ein Zustand des Dauerbeleidigtseins durch
die Werte der Aufklärung und Emanzipation
haben somit auch die geisteswissenschaftli-
chen Hörsäle erobert. Hier scheint ein anti-
emanzipatorisches Weltbild nicht nur kein
Problem darzustellen, im Gegenteil werden
HochschullehrerInnen und Studierende, die
auch weiterhin an Frauenbefreiung, Emanzipation, Aufklärung, Wissenschaftlichkeit
und universellen Werten festhalten, bedroht
und öffentlich als FaschistInnen an den
Pranger gestellt.

Zum Beispiel Grenoble, März 2021
Wenige Monate, nachdem, ebenfalls in
Frankreich, der Lehrer Samuel Paty geköpft

wurde, weil er „Mohammed erniedrigt“ hätte [21], prangern Studierende in Grenoble zwei Hochschullehrer an.[22] Der Vorwurf lautet Islamophobie, also krankhafte Angst vor dem Islam. Abgesehen davon, dass es sich bei den Studierenden nicht um angehende PsychiaterInnen handelt, die bereits in der Lage wären, Diagnosen zu stellen, ist es aber auch wenig verwunderlich, angesichts des mehr und mehr gesellschaftsfähigen religiösen Wahns zumindest ein gewisses Unbehagen, wenn nicht, spätestens seit dem Mord an Paty, eine Phobie zu entwickeln.

---

[21] Die Ermordung des Lehrers Samuel Paty https://taz.de/Ermordung-des-Lehrers-Samuel-Paty/!5752515/8 (30.4.21)

[22] In Grenoble werden Hochschullehrer bedroht https://www.faz.net/aktuell/politik/ausland/islamophobie-in-grenoble-professoren-muessen-um-ihr-leben-fuerchten-17233557.html (30.4.2021)

Mit „privilegierten weißen Männern" hat man jedoch heutzutage kein Mitleid mehr zu empfinden, auch dann nicht, wenn man bei ihnen soeben noch eine Phobie, also eine Erkrankung, diagnostizierte. So wurden die Namen der Erkrankten oder eben nicht Erkrankten, deren Vergehen es war, die Gleichsetzung von Antisemitismus mit „Islamophobie" kritisch zu diskutieren, an die Uni-Fassade plakatiert plus Forderung, die beiden, plötzlich nicht mehr krank, sondern faschistisch, zu entlassen.

„Faschisten in unseren Hörsälen! Professor K. Entlassung! Die Islamophobie tötet!", lautete der Schlachtruf.

Und bei uns?

Die Professorin Susanne Schröter, deutsche Hochschullehrerin und Leiterin des Frankfurter Forschungszentrums Globaler Islam, initiierte im Mai 2019 an der Universität Frankfurt am Main eine Konferenz mit dem

Titel/Thema „Das islamische Kopftuch, Symbol der Würde oder der Unterdrückung?"

Dies löste im Vorfeld heftige Kritik aus, Protestierende vor dem Universitätsgebäude versuchten, die Konferenz, die antimuslimischen Rassismus befördern würde, zu verhindern.[23] Außerdem wurde anonym auf Instagram gefordert, Schröter solle ihre Lehrtätigkeit einstellen. Wer hinter den Protesten stand, war nicht auszumachen. Vermutet, jedoch nicht bestätigt, wurde die radikalislamische Gruppe „Realität Islam". Es handelt sich dabei um islamische Identitäre, die behaupten, alle MuslimInnen zu vertreten und eigene Werte und Normen für diese fordern.

---

[23] Protest gegen Professorin Susanne Schröter https://www.deutschlandfunk.de/universitaet-frankfurt-kopftuch-konferenz-findet-trotz.680.de.html?dram:article_id=448255 (30.4.2021)

Die Hochschulleitung stand hinter Schröter, die Konferenz konnte stattfinden, durch den Protest war der Zulauf umso größer. Schröter stellte ihre Lehrtätigkeit auch nicht ein und initiierte 2020 den „Appell für freie Debattenräume", ein Aufruf, sich gegen die sogenannte Cancel-Culture zu stellen und anderslautende Meinungen auszuhalten, wie es für eine Demokratie selbstverständlich sein sollte. An vielen deutschen Universitäten ginge es laut Schröter inzwischen darum, Menschen, die intersektionalen und oder kulturrelativistischen Theorien widersprächen, mit Rassismusvorwürfen mundtot zu machen. Dabei gelte es bereits als rassistisch, Kritik an Missständen wie Frauenunterdrückung, beispielsweise die Pflicht, sich zu verhüllen, in muslimisch geprägten Gesellschaften zu thematisieren.

Es beschleicht einen das Gefühl, als hätte eine Generation Studierender kollektiv den

Verstand verloren, aber so einfach ist es nicht. Bei näherem Betrachten scheint es vielmehr, wie bereits erwähnt, als wolle eine Generation jetzt Frieden schließen und sich wieder anschlussfähig machen, und zwar auf ganzer Ebene, nachdem die Kämpfe der letzten Jahrzehnte gegen Kapitalismus und Patriarchat sehr kräftezehrend waren und es immer wieder Rückschläge zu verbuchen gab. Natürlich kann und will man nicht zurück zur alten Weltordnung, wo die christliche Kirche und der „alte weiße Mann" die Regeln bestimmten. Also soll nun das Patriarchat archaischer Kulturen für den neuen Zusammenhalt sorgen. Dauerhafte Freiheit, Selbstbestimmung und Gleichberechtigung scheint für zahllose Frauen, auch in der westlichen Welt, offenbar noch immer nicht nur beängstigend, sondern schlicht nicht vorstellbar zu sein, bzw. scheint als erstrebenswerte Form des Zusammenlebens auszuscheiden, wenn der Preis dafür Disharmonie ist.

Noch einmal Deutschland
2019
Das Netzwerk Frauen*streik, das unterstüt-
zenswerte Forderungen nach Selbstbestimmung, Antirassismus und soziale Absiche-
rung formuliert und Mitte März einen recht
erfolgreichen Frauen-Generalstreik als Teil
einer internationalen Aktion auf die Beine
stellte, zählt eine Berliner Gruppe zu ihren
Bündnispartnerinnen, die bedenkliche Positionen vertritt. So wird von den Berlinerin-
nen die in Teilen antisemitische Organisation
BDS unterstützt, darüber hinaus wurde im
April 2019 Redefreiheit in Berlin für die
Terroristin Rasmea Odeh gefordert und diese
als Feministin und Freiheitskämpferin gefeiert. Odeh war 1969 am Anschlag auf einen
israelischen Supermarkt in Jerusalem betei-

ligt, bei dem die Studenten Leon Kanner und Eddie Joffe zu Tode kamen.

Frauen, die für eine Selbstverständlichkeit, wie das Recht von Jüdinnen und Juden auf Sicherheit und Unversehrtheit, eintreten, sind für die Berliner Frauen* Streik-Fraktion Rassistinnen. Auf der Facebookseite der Berliner Gruppe wurden kritische Kommentare unter antisemitischen Posts verschwörungswahnsinnig als „zionistischer Sturm" bezeichnet.

Die Solidarität für eine Mörderin liest sich so:

Post im Sozialen Netzwerk Facebook vom 26.3.2019

„Als feministische Gruppe Kali unterstützen wir die Veranstaltung RasmeaSpricht – Palestinian Women Will Not Be Silenced. Rasmea Odeh ist eine bekannte Frauen*rechtsaktivistin und Community Organizerin. Sie kämpft unermüdlich für die

Rechte von Migrant*innen und ihren Kindern, Palästinenser*innen und Grassroot- Initiativen, für Menschen- und Bürger*innenrechte. Zusammen mit anderen transnationalen Feminist*innen, wie Angela Davis, Nancy Fraser und anderen Unterstützer*innen, mobilisierte sie für den Women's March und wurde so zur Inspiration für arabische und muslimische Frauen weltweit.

Rasmea zieht ihre Inspiration aus ihren persönlichen Kämpfen als palästinensische Frau: 1969 wurde sie für eine Attacke in Israel verhaftet, für die sie zu Unrecht beschuldigt wurde. Sie wurde gefoltert, bis sie das Geständnis machte, das die Vernehmer*innen von ihr hören wollten, und wurde dann von einem rechtswidrigen israelischen Militärgericht zu einer lebenslangen Haftstrafe verurteilt. Nachdem Rasmea durch einen Gefangenenaustausch freikam, sprach sie vor einem UN Sonderkomitee über die Folter, der sie während ihrer Gefangennahme ausgesetzt war. Lasst es uns deutlich sagen: Die Attacke auf Rasmea ist eine Attacke auf alle Frauen*, Überlebende sexualisierter Gewalt, Migrant*innen, Minderheiten, Palästinenser*innen sowie Linke. Es ist eine Attacke auf uns alle."[24]

Wie oben bereits erwähnt: Jüdinnen und Juden, die, wie die meisten Menschen, friedlich und in Sicherheit in ihrem Land leben möchten, sind für nicht wenige Queerfeministinnen erklärte FeindInnen. Hier spielt eventuell die uralte Mär eine Rolle – erneut angefacht durch restriktive islamische BündnispartnerInnen – wonach die Juden die Welt beherrschen und demnach also keine Opfer sein können, um die es sich als Frau zu kümmern gilt.

––––––––––

[24] Die Seite von Frauen*Streik https://frauenstreik.org/

Post zu Rasmea Odeh auf Facebook https://www.facebook.com/218und219awegstreiken/posts/311592682884961 (1.5.2021)

Doch kann die queerfeministische Feindschaft gegen Jüdinnen und Juden und deren Staat gegen Israel auch andere Gründe haben? Und gab es nicht auch Antisemitismus in der Frauenrechtsbewegung?

Warum ist das so?

Die Ursprünge der Judenfeindschaft sind vermutlich jeder bekannt. Das Christentum, eine jüdische Sekte, trachtete danach, sich von seinem Ursprung, dem Judentum, abzugrenzen. Die Mär, dass Juden (die zu dieser Zeit an diesem Ort gar keine Befehlsgewalt innehatten) und nicht Römer (die die Befehlsgewalt innehatten) für Jesus' Tod verantwortlich wären, ging als ein fundamentaler Baustein in die christliche Lehre ein und begründete dort fortan den antijüdischen Beiklang. Das soll nicht heißen, dass alle ChristInnen judenfeindlich waren oder sind. Einige waren und sind es trotz ihrer Religionszugehörigkeit nicht.

Queerfeministinnen sind jedoch in der Regel nur religions-affin, wenn es um den Islam geht; christliche FundamentalistInnen mit ihren Sitten und Gebräuchen müssen auf intersektionalen und kulturrelativistischen Beistand verzichten. Eine Feindschaft gegen Jüdinnen und Juden und deren Staat aus christlich-religiösen Gründen kann man bei Queerfeministinnen also vermutlich ausschließen.

Welche Motive spielen dann eine Rolle? Ich habe Frauen aus meinem Umfeld, die dem Queerfeminismus zuneigen, nach ihren Beweggründen für Ressentiments gegen Jüdinnen, Juden und Israel befragt. Die häufigste Antwort lautete, Jüdinnen und Juden würden die „Palästinenser", besonders die „Palästinenserinnen" (von mir in Anführungsstriche gesetzt deshalb, weil dieser Begriff für die arabische Bevölkerung erst seit der Charta der PLO von 1964 existiert, vor 1948 galten auch Jüdinnen und Juden, die

im britischen Mandatsgebiet Palästina lebten, als PalästinenserInnen) unterdrücken,
vertreiben und deren Land rauben. Zudem
wurde erklärt, Israel sei ein künstlicher Staat
auf dem Gebiet der PalästinenserInnen.
Aufschlussreich sind diese Antworten aus
zwei Gründen.

Erstens erfolgt auf Nachfrage zur Geschichte
und zu der Entstehung Israels zumeist lediglich ratloses Achselzucken, beispielsweise in
Bezug auf die UreinwohnerInnen Israels,
nämlich Jüdinnen und Juden. Ebenso
herrscht bei Queerfeministinnen Unwissen,
wenn es um den arabischen Angriffskrieg
sogleich nach der Gründung des Staates Israels geht, der übrigens nicht „künstlich“
entstand, was immer darunter zu verstehen
ist, sondern nach Resolution der Generalversammlung der Vereinten Nationen 1947 als
Beschluss für zwei Staaten, nämlich einen
jüdischen und einen arabischen, die friedlich
koexistieren sollten. Dass der Plan von jüdi

scher Seite begrüßt wurde, von arabischer Seite nicht, ist in queerfeministischen Kreisen zumeist ebenso wenig bekannt. Auch nicht bekannt ist, dass bislang alle Friedenspläne von arabischer Seite abgelehnt oder offengelassen wurden.

Das Oslo-Abkommen im Jahre 1993 beispielsweise hätte zur Folge haben können, ein Gebiet für die arabische Bevölkerung zu definieren. Dass das „palästinensische" Führungspersonal diese Regelungen nie ratifizierte, ist sicher zum Nachteil der arabischen Bevölkerung, die zum größten Teil die Territorialkämpfe satt hat und einfach nur in Frieden mit der jüdischen Bevölkerung leben will, wie es in einigen Gegenden Israels ja durchaus gelingt. Dass das arabische Führungspersonal z. B. im Gazastreifen dies aber nicht im Sinn hat, sondern ganz Israel für sich beansprucht und seine Bevölkerung inzwischen seit 14 Jahren nicht mehr wählen lässt, ist nicht die Schuld der israelischen Jüdinnen und Juden oder deren Regierung.

Warum sich arabische Aggression, Straßenkämpfe und Gewalt nicht gegen die radikal islamische Hamas richten, die im Gazastreifen regiert?

Es gibt immer wieder diesbezügliche Aufstände einiger mutiger AraberInnen – friedlich oder gewalttätig. Diese werden von der Hamas umgehend niedergeknüppelt. Nicht wenige BewohnerInnen des Gazastreifens vegetieren in europäischen Flüchtlingscamps. Weil sie vor der Hamas fliehen mussten.

Aufschlussreich ist zudem, wie wenig Queerfemnistinnen über im Krieg eroberte bzw. verlorene Gebiete im Rest der Welt wissen bzw. über die Art und Weise, wie diese verwaltet und regiert werden. Ebenso selten ist bekannt, dass für Frauen im Gazastreifen unter der Führung der Hamas katastrophale Zustände herrschen, seit Israel sich aus diesem Gebiet zurückgezogen hat. Letztes dürfte nicht verwundern, denn Queerfeministinnen interessieren sich nicht für das Leid von Frauen unter islamischer Herrschaft. Gewalt an Musliminnen, ausgeübt von Muslimen, wird als Kulturgut akzeptiert.

Daraus folgt, dass man, als zweiten aufschlussreichen Punkt, von Queerfeministinnen oder deren SympathisantInnen ebenso wenig Antwort auf die Frage bekommt, warum das Wohlergehen von arabischen bzw. muslimischen Frauen in muslimisch geprägten und regierten Ländern innerhalb der queerfeministischen Doktrin überhaupt nicht zählt, das Unterdrücken, Quälen und Töten von Frauen durch arabische Männer vielmehr ein schützenswertes Kulturgut darstellt, ja, arabische Frauenrechtlerinnen sogar im Westen verunglimpft und als Rassistinnen beschimpft werden, wenn sie für Emanzipation und gegen Schleierzwang,

Zwangsehe und Geschlechtsverstümmelung kämpfen. Die Frage, warum also die einzig schützenswerten arabischen Frauen die sind, die in Israel leben (und das in den meisten Fällen nach eigenen Angaben freier als in muslimisch geprägten Ländern), ist für Queerfeministinnen nicht beantwortbar. Vermutlich kann man die Frage bezüglich Queerfeminismus und Judenfeindschaft im Regal unhinterfragte Ideologie ablegen. Es scheint den Anhängerinnen zu genügen, dass Godmother Judith Butler, die, wie weiter oben bereits beschrieben, eine Anhängerin des Poststrukturalismus ist, für die Objektivität erklärtermaßen also nicht zählt, den Staat Israel ablehnt. Ebenso verhält es sich mit weiteren Vertreterinnen dieser Theorie, beispielsweise Laurie Penny, Naomi Klein, Kübra Gümüşay, Jasbir Puar.

Warum aber ist es für Queerfeministinnen nicht so erstrebenswert wie für andere politisch interessierte Menschen, nach gründlichem Studium der tatsächlichen Lage einen eigenen Standpunkt zu entwickeln?

Hängt das damit zusammen, dass in dieser Bewegung auf Konsens starken Wert gelegt wird und von der Ideologie abweichende Meinung mit Shitstorm und Canceln bestraft werden? Möglich. Die Cancel-Culture scheint als letzter Bremsklotz gegen den Sturz in die Lächerlichkeit installiert worden zu sein. Wer Fragen stellt, ist raus.

Auch im Mai 2021 wurde dies erneut bestätigt. In den sozialen Netzwerken erschienen auf queerfeministischen Seiten und Profilen bunte Spruchtafeln bzw. bei Twitter unzweideutige Aufforderungen, solidarisch mit den „PalästinenserInnen" zu sein, die von der jüdischen Bevölkerung vertrieben würden.

Kronzeugin war u. a. Greta Thunberg. Diese hatte auf Twitter einen Beitrag von Naomi Klein geteilt, die Israel

„ein Kriegsverbrechen nach dem anderen" unterstellt.

Worum ging es aber tatsächlich?

Der Bombenhagel auf Israel durch die Hamas wurde in vielen linken Kreisen mit dem Ausgang einer jahrelangen Gerichtsverhandlung gerechtfertigt. Vor Gericht war geurteilt worden, dass arabische Familien Häuser in Sheikh Jarrah (liegt in einer Gegend, die 1948 von Jordanien annektiert wurde) zu verlassen hätten, da bestätigt wurde, dass die rechtmäßigen BesitzerInnen Jüdinnen und Juden sind, die einst im Rahmen der Annektion enteignet worden waren.

Ein derartiges Urteil ist von israelischem Gericht auch schon zugunsten der arabischen Bevölkerung gesprochen worden. In der jüdischen Siedlung Amona beispielsweise wurden 2017 Häuser geräumt und abgerissen, da das Land, auf dem die Häuser standen, arabisches Privateigentum war.[25] Es

----

[25] https://www.juedische-allgemeine.de/israel/israelische-polizei-raeumt-aussenposten-amona-mehrere-verletzte/(1.5.2021)

gab daraufhin Proteste von jüdischen Siedle-
rInnen und deren Anhängerschaft, doch es
flogen weder Bomben in von arabischen Familien bewohnte Gegenden und Häuser,
noch ging man in Deutschland auf die Straße, um gegen die Vertreibung von Jüdinnen
und Juden zu protestieren.

Das ist im Mai 2021 anders. Auf jüdische
und arabische Häuser in Israel gehen Ha-
mas-Bomben nieder, über die Straßen deutscher Großstädte toben an einem Wochenen-
de Mitte Mai unter dem Skandieren martiali-
scher Schlachtrufe arabischstämmige Familien mit Kind und Kegel und ihre UnterstützerInnen.

Linke zogen zudem, u. a. mobilisiert durch
die trotzkistische Sekte SAV, an diesem Wo-
chenende durch Berlin Kreuzberg im Rahmen einer „Palästina Solidaritätsdemo". Auf
Fahnen und Schildern war u. a. „Nein zum
Krieg" und „Stoppt Israels Luftangriffe" zu

lesen. Dabei waren auch junge Frauen mit gegenderten Botschaften auf ihren Schildern.

Bevor sich der Zug in Bewegung setzte, hatte ich Gelegenheit, einige Fahnenschwenkende zu fragen, warum sie einerseits gegen Krieg seien, sich aber zu einer Demo zusammenfänden, die sich erklärt mit den Angreifern solidarisiere. Und warum man von Israel verlange, den Schutz seiner arabischen und jüdischen BürgerInnen einzustellen, die Gegenseite aber nicht auffordere, die Angriffe, bei denen auch arabische Israelis starben, einzustellen. Geantwortet wurde lediglich mit Parolen à la ‚Der westliche Imperialismus muss gestoppt werden‘. Nachfrage zwecklos – sowohl zur Gewalt der Hamas gegen Jüdinnen, Juden und AraberInnen, als auch zu Vorgängen in anderen Regionen der Welt, wo, wie beispielsweise in China, die muslimische Minderheit der Uiguren unterdrückt und in „Umerziehungslager" gesperrt werden, ohne dass dies westlichen Linken auch nur eine Demonstration wert wäre. Daraus folgt, dass Politik immer und für jede Seite kritikwürdig sein kann, auch die damalige Politik unter Ex-Premierminister Benjamin Netanjahu, weshalb in Israel immer wieder gerade junge Israelis, Frauen wie Männer, auf die Straße gehen, um zu demonstrieren. Und sie haben das Glück, dass sie dies in Israel auch dürfen, ohne ihr Leben zu riskieren. In muslimisch geprägten Staaten gegen Unterdrückung, Mord und Totschlag der Herrschenden auf die Straße zu gehen, heißt dagegen nicht selten, im Folterknast zu verschwinden oder gleich am Strang zu baumeln.

Auch was die Konflikte zwischen der jüdischen und der arabischen Bevölkerung angeht, beispielsweise in Bezug auf Streit um Land, diskutiert man in Israel Tag ein Tag aus, setzt sich auseinander, arbeitet gemeinsam in jüdisch-arabischen Gruppierungen und Initiativen an Lösungen.

Auf Ratschläge und Beistand aus deutschen Wohnzimmern, zumal von völlig uninformierten Menschen, kann man dabei vermutlich sehr gut verzichten. Will man nicht mit Unterstellungen arbeiten, muss man sich fragen, warum Queerfeministinnen eigentlich nicht auch schwedischen, kenianischen oder japanischen (oppositionellen) politischen Gruppen mit Tadel und Ratschlag auf die Nerven gehen. Übrigens gibt es gerade in Deutschland mit seiner zunehmenden (Kinder)Armut sowie steigender Gewalt gegen Kinder und Frauen genug Anlass, die eigenen, seit gefühlt 100 Jahren Regierenden zurechtzuweisen bzw. am besten abzuwählen. Und noch ein Wort zum Antisemitismus in der Frauenrechtsbewegung. Den gab es und wird es vermutlich weiterhin geben – aus all den Gründen, aus denen es im Rest der Bevölkerung Antisemitismus gibt. Der Unterschied zwischen Antisemitismus in der Frauenrechtsbewegung und Antisemitismus im Queerfeminismus ist, wie damit umgegangen wird.

In der Frauenrechtsbewegung ist das Problem intern seit den 1980er-Jahren bekannt. Es wird darüber diskutiert. Im Queerfeminismus ist der Antisemitismus in Form von Israelkritik bzw. Kritik an ZionistInnen in die Ideologie eingegangen, der ausgrenzende, diskriminierende Kern darin ist zu Solidaritätsaktivismus für Palästinenserinnen umfunktioniert worden.

#unteilbar

Ein weiteres, vermutlich bekannteres Beispiel für die Kooperation von Queerfeministinnen mit anti-emanzipatorischen Kräften ist das Bündnis #unteilbar, gegründet 2018.[26]

____

[26] Website von #unteilbar https://www.unteilbar.org (2.5.2021)

Im #unteilbar-Demo-Aufruf hieß es, man
wolle gegen einen Rechtsruck in Europa und
in Deutschland, gegen die Spaltung der Gesellschaft und gegen die Beschneidung von
Grund- und Freiheitsrechten demonstrieren.
All das sind gute Gründe, auf die Straße zu
gehen. Warum man sich dann aber mit Personen und Organisationen zusammentut, die
erklärt rechtes Gedankengut propagieren
und erklärt gegen Grund- und Freiheitsrech-
te eintreten, ist eine Frage, die das #unteil-
bar-Bündnis bis heute nicht beantwortet hat.
Aber von vorne.

„Wir treten für eine offene und solidarische
Gesellschaft ein, in der Menschenrechte un-
teilbar, in der vielfältige und selbstbestimmte Lebensentwürfe selbstverständlich sind",
lautete der Aufruf. Unter den Bündnispartne-

#unteilbar und seine KooperationspartnerInnen
https://s3.kleine-anfragen.de/ka-prod/be/
18/16781.pdf (2.5.2021)

rInnen sind Personen und Organisationen, die der Muslimbruderschaft (zu dieser Gruppierung gleich mehr) nahestehen.[27] Vor der #unteilbar-Demo wurden auf dem Blog FrauenStandPUNKT einige der zweifelhaften BündnispartnerInnen vorgestellt. Die Muslimbruderschaft beispielsweise. Ein wenig geeigneter Partner, wenn Menschenrechte und Freiheit erstritten werden sollen, um es sehr vorsichtig auszudrücken. Da hingegen westliche rechtsradikale Gruppen oder christliche Hardliner nicht mit ins #unteilbar-Bündnis aufgenommen wurden, hätte man die Kooperation mit islamischen Hardlinern auf den ersten Blick als Unwissenheit von Seiten der #unteilbar-OrganisatorInnen ob islamistischer Umtriebe, speziell die der Muslimbruderschaft, deuten können. Doch

---

[27] https://www.bpb.de/politik/extremismus/islamismus/286322/die-muslimbruderschaft

bei #unteilbar war man nicht unwissend. Ich komme gleich darauf zurück.

Zunächst: Wer ist die Muslimbruderschaft? Die Muslimbruderschaft, entstanden im frühen 20. Jahrhundert, ist sozusagen die Mutter aller islamistischen Organisationen, an der sich weitere islamistische Bewegungen fortan orientierten. In ihrem Regelwerk heißt es u. a., dass die Religion, also der Islam, jeweiligen nationalen Gesetzen übergeordnet sei.

Die Muslimbruderschaft hat mit vielfältigen und selbstbestimmten Lebensentwürfen, insbesondere für Frauen, wenig bis gar nichts am Hut, außer, Frauen erklären sich bereit, als Multiplikatorinnen der Muslimbruderschaft-Propaganda zu fungieren. Frauen, die nach streng islamischen Regeln zu leben bereit sind, also bereit sind, sich nach den Gesetzen der Scharia zu richten, genießen paradoxerweise in einigen Fällen die Freiheit, sich an diese Regeln nicht halten zu müssen, beispielsweise nicht ans Haus gefesselt zu sein, wie es islamische Regeln u. a. für Frauen vorsehen. Ihnen ist der Besuch von Bildungseinrichtungen gestattet, sie dürfen, auch oder gerade in westlichen Ländern, im Bildungsbereich und neuerdings in wie Pilze aus dem Boden schießenden Initiativen gegen „antimuslimischen Rassismus" tätig sein, aber immer im Namen und Auftrag der Ideologie, also u. a. verschleiert und korantreu. Dass Frauen das Berufsleben außer Haus einem tristen Alltag im Haus vorziehen, ist verständlich. Unverständlich ist, dass sie mit ihrem Tun das, was sie für sich ablehnen, für andere Frauen ihrer Community zementieren.

Zurück zur Muslimbruderschaft. Programm ist u. a. die Einführung der Scharia, dem fundamental-islamischen Normen-, Werte- und Rechtssystem. Angeblicher Urheber ist ein Prophet, tatsächliche Urheber sind anti-emanzipatorische Männer. Parallelen zu

rechtsextremem/faschistischem Gedankengut sind augenscheinlich: Lehre der Überlegenheit islamisch Gläubiger, Verbot von
Meinungsfreiheit beispielsweise beim Thema Religion, Todesstrafe für Abtrünnige und
bei „unislamischem" Verhalten, als da beispielsweise wären Homosexualität und Ehe-
bruch bei Frauen. Frauen sind erklärt Menschen zweiter Klasse, ihr Platz ist das Haus,
ihre Aufgabe ist es, Kinder zu gebären und
im islamischen Geist zu erziehen.
Eine feine Gesellschaft, in die sich Queerfeministinnen da begeben haben.
Eine Auswahl der zweifelhaften Personen
und Organisationen, die das #unteilbar-
Bündnis unterstützen:

Zentralrat der Muslime in Deutschland
Unter dessen Dach vereinigen sich sunniti-
sche Strömungen, ATIB, ein Dachverband,
der dem Spektrum der faschistischen türkischen Grauen Wölfe zuzurechnen ist, außer-

dem das Islamische Zentrum Hamburg (IZH), Europazentrale der geistlichen Führung des Irans, die dieser direkt unterstellt ist. Akteure aus dem IZH sind involviert in den alljährlich in Berlin stattfindenden Al-Quds-Tag, dessen Höhepunkt ein Marsch durch die Innenstadt ist, wo zur Zerstörung Israels aufgerufen wird. Auf den Zentralrat der Muslime wurde auch bereits der Verfassungsschutz aufmerksam: https://www.rnd.de/politik/verfassungsschutz-und-turkische-rechtsextremisten-kritik-an-zentralrat-der-muslime-Z7MZPA5KLC4V-F5HYIT4ZQDFMA4.html (2.5.2021)

Fereshta Ludin

Sie war die Erste, die für das Recht auf Hijab, also auf islamische Verhüllung im deutschen Staatsdienst, vor Gericht zog.[28] Wäre

---

[28] Fereshta Ludin und das Kopftuch im Unterricht https://www.tagesschau.de/inland/kopftuch-

sie erfolgreich gewesen, was nicht der Fall
war, hätte man sie als fleischgewordene
Karikatur der viel beschworenen Neutralität
des deutschen Staates und seiner Einrichtungen bezeichnen können. Ludin war vor
ihrem Kampf gegen staatliche Neutralität
Apparatschik bei der „Muslimischen Jugend
Deutschlands", Junior-Organisation der
Muslimbruderschaft. Nach der Niederlage
vor Gericht fand Ludin einen geeigneten
Platz für sich: als Lehrerin in der islamischen Grundschule in Berlin-Kreuzberg.
Träger der Schule ist die konservativ ausge-
richtete Islamische Föderation Berlin.

Inssan e.V.
Gemeinnütziger Verein, dem der Berliner
Verfassungsschutz Anhaltspunkte für perso-
nelle und organisatorische Verbindungen zur

____

streit-101.html (2.5.2021)

„Islamischen Gemeinschaft in Deutschland",
der mitgliederstärksten Organisation der
Muslimbruderschaft in Deutschland, attestiert.[29] Inssan trommelt seit Jahren für die
Abschaffung des Berliner Neutralitätsgesetzes, ein Gesetz, das Kinder, die auf staatliche Schulen gehen (müssen, weil ihre Eltern
sich keine Privatschule leisten können oder
wollen), vor religiöser Indoktrination
schützt. Übrigens verbietet das Berliner
Neutralitätsgesetz nicht nur islamische oder
vom Islam missbrauchte Symbole, sondern
auch Symbole anderer Religionen und Weltanschauungen. Andere Religionsgemeinschaften oder z. B. Rechtsradikale haben allerdings bislang noch nicht gegen das Gesetz
geklagt oder getrommelt.

---

[29] Inssan e.V. und der Verfassungsschutz https://
www.ruhrbarone.de/die-berliner-landeszentrale-
fur-islamistische-bildung/165417 (2.5.2021)

Kübra Gümüşay, religiöse Aktivistin

Die von Queerfeministinnen als „empowert"
gefeierte religiöse Hardlinerin trat 2016 im
Islamischen Zentrum Hamburg auf. Das
Zentrum steht unter Beobachtung des Ham-
burger Verfassungsschutzes. Die Einschät-
zung lautet, es sei „Instrument der iranischen
Staatsführung".

2018 verklagten Gümüşays Anwälte die
Zeitschrift EMMA, die berichtet hatte, dass
Gümüşay sich im Dunstkreis des *Islami-
sches Zentrum Hamburg* bewege. Gümüşay
verlor den Zivilprozess. Das Gericht urteilte,
dass die diesbezügliche Berichterstattung in
der EMMA eine

„zulässige Meinungsäußerung mit Tatsa-
chenkern"

sei, da Gümüşay im Januar 2016 auf der „6.
Einheitskonferenz im IZH" zum Thema „islamische Medienarbeit" zugegen gewesen
sei.

Wenige Wochen später, im März 2016, hielt Gümüşay dann zum Thema „islamische Medienarbeit" einen Vortrag bei Millî Görüş München. Zum antidemokratischen Staatsverständnis bei Millî Görüş findet man im Internet Verfassungsschutzberichte von 2009 und 2011. Die politischen Parteien von Millî Görüş waren wegen islamistischer Bestrebungen bis zur Regentschaft Erdoğans in der Türkei verboten.

Kübra Gümüşay ist derzeit gemeinsam mit Onejiru Arfmann und Jessica Louis Betreiberin des Coworking-Space Eeden, ein Miet- und Gemeinschaftsbüro, wie es zahllose in europäischen Großstädten gibt. Gümüşays Betrieb scheint allerdings etwas Besonderes an sich zu haben, denn Hamburgs Senator für Kultur und Medien, Dr. Carsten Brosda, hat die Schirmherrschaft für die Gründungsphase übernommen. Die Behörde für Kultur und Medien unterstützt Gümüşays „zeitgemäßen Umgang mit den Themen

Gleichberechtigung, politischer Aktivismus
und Zusammenarbeit" und förderte die
Gründung von Eeden mit 100.000 Euro.
Warum islamistischer Aktivismus förde-
rungswürdig und der Umgang mit islamischer Frauenunterdrückung zeitgemäß sind,
bleibt ein Rätsel.[30]

Noch einmal: Man stelle sich vor, im Bündnis von #unteilbar wären der Frauenverein
der NPD oder der Evangelikalen vertreten
gewesen. Es hätten sich auf der Stelle zahllose linke Gegendemos formiert.

---

[30] Kübra Gümüşay verklagt EMMA https://ww-
w.emma.de/artikel/guemuesay-verklagt-emma-
335597 (2.5.2021)
Ein förderungswürdiges Mietbüro? https://ww-
w.gruene-hamburg.de/frauen/eeden-startet-in-
die-zukunft-rot-gruen-unterstuetzt-innovatives-
frauenprojekt/ (2.5.2021)

Bei #unteilbar aber lief die Linke mit, Seit an Seit mit radikal anti-emanzipatorischen Subjekten. In Berlin und später auch in Leipzig kam es, wie zu erwarten gewesen war, zu islamistischer PR und offenem Antisemitismus.

Nun könnte man einwenden, dass die Veranstalterinnen nicht gewusst hätten, mit wem sie sich da einlassen. Dazu ist zu sagen, dass sie es sehr wohl gewusst haben, und wenn nicht durch eigene Recherche, dann deshalb, weil sie von mehreren KritikerInnen bzw. Organisationen sowie der Presse im Vorfeld darauf aufmerksam gemacht wurden. So wurde in der links-antideutschen Zeitung jungle world vor der Demo ein kontroverser Artikel abgedruckt, der das Pro und Contra einer Teilnahme an der #unteilbar-Demo beleuchtete. Als Grund gegen eine Teilnahme wurde u. a. die Beteiligung islamistischer Gruppen aufgeführt.

Inge Bell, Vorstandsfrau bei Terre des Femmes, machte ebenfalls im Vorfeld darauf aufmerksam, dass die #unteilbar-Demonstration nicht unterstützenswert sei, da der Muslimbruderschaft nahestehende Organisationen – antisemitisch und nationalistisch – wie sie ausführte, mit dabei seien. „... Initiativen und Einzelpersonen, die bis heute ein sehr schwieriges Verhältnis zu Demokratie und gegen Faschismus haben." (Zitat Bell) Ebenfalls warnten u. a. verschiedene antifa-Gruppen sowie meine Blogkollegin, Birgit Gärtner, und ich auf unserem gemeinsamen Blog FrauenStandPUNKT. [31]

---

[31] jungle world zu #unteilbar https://jungle.world/artikel/2018/41/unteilbar-oder-gespalten

Inge Bell zu #unteilbar https://wizelife.de/schwarzes-brett/notiz/5bc1d226d5593072731b-d3b5/politisches/unteilbar-ein-wolf-im-schafs-pelz (2.5.2021)

Die Warnungen wurden von den VeranstalterInnen ignoriert, die MahnerInnen als RassistInnen verunglimpft.

Man kann hier, will man dieses Verhalten
noch irgendwie entschuldigen, die eingangs
im Absatz „Poststrukturalismus – was ist
das?" beschriebene Absage an Objektivität,
Realität und Vernunft anführen. Queerfeministinnen setzten gefühlte Wahrheit gegen
Realität. Die perfekte Ergänzung zu IslamistInnen, die Religion, die Annahme eines höheren Wesens, also Subjektivität, als Realität
ausgeben.

Zahllose Frauen aus dem queerfeministischen Lager nahmen auf der #unteilbar-De-
mo antisemitische, frauen- und homosexuel-
lenfeindliche Ausfälle von IslamistInnen hin.
Nach (!) der Demo sprang auch die bürgerliche Presse, wie beispielsweise Die WELT[32]
auf den Kritikzug auf. Queerfeministinnen

____

Leittext des Blogs https://frauenstandpunk-
t.blogspot.com (2.6.2021)

relativierten und verteidigten. Später in
Leipzig und auch im Jahr darauf in Berlin
wiederholte sich das Spektakel.

Queerfeministinnen solidarisieren sich mit
IslamistInnen?
Eine Weltanschauung, die Frau vorschreibt,
ihr Haar zu verbergen, um den Mann nicht
zu erregen, statt dem Mann vorzuschreiben,
seine Genitalien festzubinden oder sich sonst
etwas zur Triebbesänftigung einfallen zu lassen, wenn ihn der Anblick von Frauenhaar
um den Verstand bringt, wird von Frauen
nicht nur akzeptiert, sondern verteidigt und
beschützt. Eine Weltanschauung, die Frauen
selbstbestimmte Sexualität oder Eheschei-
dung verbietet, eine Weltanschauung, die
nicht selten tödlich endende Frauenbe-

____

[32] WELT über #unteilbar https://www.welt.de/
politik/deutschland/article182221792/Unteilbar-
in-Berlin-Wut-auf-der-Wohlfuehl-Demo.html

schneidung gebietet, Kinderehen (minderjährige Ehefrauen für erwachse Männer, nicht Jungen für erwachsene Frauen!) befürwortet, eine Weltanschauung, die bei Nichtbeachtung der Gebote, das Erschießen, Erstechen, Steinigen von Frauen fordert, wird nicht nur akzeptiert, sondern als Kultur einer vermeintlich zu beschützenden Gruppe verteidigt, relativiert und die AkteurInnen werden zu BündnispartnerInnen erklärt. Muslimischstämmige Kollaborateurinnen dieser Männerdiktaturen dienen als Galionsfiguren der freiwilligen Verhüllung und Unterwerfung und als schützenswerte Geschöpfe, auch wenn diese vermeintlich Schützenswerten nicht im Traum darauf kommen, muslimische oder oft ex-muslimische Schwestern zu schützen, die in den jeweiligen Ländern unter Einsatz ihres Lebens gegen Kopftuchzwang, Kinderehe und Frauenmord kämpfen, sondern diese im Gegenteil noch ihren Peinigern ausliefern.

Und genau das macht queerfeministische Solidaritätsforderungen so giftig. Die, die sich mit dem Patriarchat gegen ihre Schwestern verbünden, brauchen keine Solidarität von emanzipierten Frauen. Und denen, die Solidarität von emanzipierten Frauen bräuchten, weil sie gegen das Patriarchat aufstehen, verweigern Queerfeministinnen die Solidarität.

Opfer-Gebaren

Warum aber besteht queerfeministische Solidarität mit regressiven Musliminnen jedoch nicht mit beispielsweise Evangelikalen oder der NPD? Ist es die zur Meisterschaft gebrachte Kunstfertigkeit islamistischer Konservativer und Hardliner, sich als Opfer zu stilisieren und damit an die Hilfsbereitschaft und Sehnsucht nach Harmonie von westlichen Frauen zu appellieren?

Möglicherweise spielt die Selbststilisierung zum Opfer eine Rolle, aber sicher nicht die

entscheidende. Christinnen und Jüdinnen
sind immerhin in mindestens ebenso vielen
Teilen der Welt Opfer von Verfolgung und
Gewalt, ohne den Beschützerinstinkt des
Queerfeminismus zu wecken. Hinzu kommt
vermutlich, dass Queerfeministinnen sich als
Bündnispartnerinnen der IslamistInnen akzeptiert und gebraucht fühlen. Die Betonung
liegt hier auf fühlen. Gebraucht werden sie
zwar von IslamistInnen, um deren anti-
emanzipatorische Agenda gesellschaftsfähig
zu machen, akzeptiert werden sie über ihre
reine Funktion hinaus aber nicht, denn sie
sind Frauen, die sich nicht an die Gesetze
der Scharia halten.

Möglicherweise ist es übertrieben, weitere
Ursachenforschung zu betreiben und tiefere
Motive zu vermuten als die neue Form der
Rebellion, den Punk dieser Zeit, der die
Sehnsucht nach Harmonie und das Ausleben
von Hilfsbereitschaft Männern gegenüber
befriedigt, gepaart mit dem unkritischen Ab-

sorbieren der misogynen Lehren einer amerikanischen Professorin, die predigt, dass Unterdrückung und Körperverletzung für muslimischstämmige Frauen in Ordnung seien.

Doch sehr wahrscheinlich kommt zudem noch eine ganz übliche Zutat dazu: Konformitätsdruck. Wie bereits erwähnt, ist es auch in westlichen Staaten noch ein Glücksfall, als Frau den Wunschjob zu ergattern und sich dort zu halten. Im sozial- und kulturwissenschaftlichen Bereich, aber auch im Kunstbetrieb, haben sich der Kulturrelativismus und die Intersektionalität inzwischen breitgemacht. Wer kritisiert oder ausschert, ist rassistisch und wird gecancelt. Das hat für die Betroffenen nicht selten weitreichende Folgen. Falls es sich um Personen des öffentlichen Lebens handelt, sogar mediale, da die linksliberal-bürgerliche Presse, wie beispielsweise TAZ oder Süddeutsche, inzwischen auf den Zug aufgesprungen ist, vermutlich in der Hoffnung, mit unzähligen interessanteren und vor allem informierteren BloggerInnen mithalten zu können. Jede Kritik am Kulturrelativismus wird zur hysterischen Medienkampagne und Hexenjagd auf angebliche RassistInnen hochgejazzt, der Aufmerksamkeit wegen. Nicht wenige Künstlerinnen und Kulturschaffende, aber auch Lehrbeauftragte, Referentinnen, Dozentinnen, Bibliothekarinnen und wissenschaftliche Mitarbeiterinnen werden ein sich Anpassen an Butlers Ideologie als weniger belastend empfinden als eine Vernichtungskampagne mit anschließendem Gang zum Arbeitsamt. Dass das „kulturelle Gut" Burka als ein Zeichen weiblicher Bescheidenheit und familiärer Verbundenheit (Judith Butler) propagiert wird, ist vermutlich leichter zu verdrängen als die Tyrannei eines Arbeitsvermittlers, der ebenfalls unter Druck steht. Traurige Ironie ist, dass Frau nicht einmal mehr zum Arbeitsamt gehen dürfte, würde

Butlers Revolutionswaffe gegen Aufklärung und Moderne, nämlich der Islam, weltweit herrschen.

Und im Kunstbereich musste man schon immer die Welt retten, um gehört zu werden, also passt man sich auch hier dem aktuellen Zeitgeist an.

Doch dass es so weit, nämlich zur Durchislamisierung des Westens, sehr vermutlich nicht kommen wird, wissen vermutlich sowohl Judith Butler als auch ihre Soldatinnen in den Universitäten, Theatern und Verlagen. Islamistische Umtriebe sind für sie dazu geeignet, dem anstrengenden Westen mit seinen Daueransprüchen an das Individuum Denkzettel und Dämpfer zu verpassen, ihn in seiner Arroganz zu bremsen. Die Revoltierenden schätzen natürlich weiterhin den als verhasst behaupteten westlichen Lebensstil, die Möglichkeit, unverhüllt und ohne Erlaubnis des Ehemanns, Bruders oder Vaters einer Lohnarbeit nachzugehen, sowie

die Möglichkeit, zu wählen, wie und mit
wem sie zusammenleben möchten. Schleier,
Dauer-Hausarrest und Zwang zu heterosexueller Ehe überlässt man gern der muslimischen Frau. Es ist die jahrtausendealte Kul-
turkriegsführung unter Zuhilfenahme von
Frauenkörpern, die Butler unter ihren Anhängerinnen wieder populär gemacht hat.
Das Wohl muslimischer Mädchen und Frau-
en ist hier deshalb irrelevant, weil diese zu
abstrakten revolutionären Objekten stilisiert
wurden, die gegen hoch differente Zustände,
die das westlich sozialisierte Subjekt hilflos
machen, ins Feld geführt werden.
Das würde immerhin auch den Hass und die
Ausfälle der linken, queerfeministischen
Szene gegen aufgeklärte Musliminnen erklären, die sich dagegen wehren, als Waffe
missbraucht zu werden gegen westlichen
Kulturverdruss und die Unfähigkeit, dem
Kapitalismus ein funktionierendes System

entgegenzusetzen.

Und aktuell?

Berlin am 8. März 2021. Es ist Internationaler Frauentag.

Zum ersten Mal wurde eben dieser übrigens 1911, und zwar auf Bestreben der Frauenrechtlerinnen Käte Duncker und Clara Zetkin, gefeiert. Fortan ging es um Forderungen nach Wahlrecht und Verbesserungen rund um das Berufs- sowie Privatleben von Frauen.

Dieses Jahr aber zeigte sich, wie sehr Gesellschaft und Medien sich bereits auf den Queerfeminismus und hier auf den Programmpunkt „Frauen in die zweite Reihe“ eingestellt haben.

Star des diesjährigen Frauentags war ein Mann. Besagter, namens Georgine Kellermann, lebte ab 2002 für einige Jahre als ARD-Korrespondent in Paris, ab 2006 leitete er das ARD-Studio in Bonn und ab 2014 das WDR-Studio in Duisburg. Ab 2019 war er Leiter des WDR-Studios in Essen. Diesen Lebenslauf[33] hat er u. a. der Tatsache zu verdanken, dass er keine Frau ist und ihm deshalb die damit verbundenen Schwierigkeiten wie Doppelbelastung durch Haushalt und Kindererziehung erspart blieben. Kellermann „fühlte" sich nach eigenen Angaben allerdings schon immer als Frau, auch ohne frauen-typische Belastungen und Belästigungen ertragen zu müssen. Das sei ihm vergönnt, es ist zudem nicht verboten, dass ein Mann sich als Frau fühlt, solange er Frauen damit in Ruhe lässt und nicht meint, wegen seines Gefühls für Frauen sprechen zu müssen.

2019, als das Als-Frau-Fühlen in Deutschland mehr und mehr in Mode kam, Mann

---

[33] Der Lebenslauf des Herrn Kellermann https://www1.wdr.de/unternehmen/der-wdr/unternehmen/georgine-kellermann-interview-110.html (2.5.2021)

aufgrund eines Gefühls als Frau anerkannt wurde und Kellermanns Karriere zudem vermutlich nicht mehr allzu störanfällig war, machte er seine Obsession öffentlich und trug ab sofort Lippenstift und Damenschuhe. Das Tragen von Make-up und Stöckelschuhen soll ihm natürlich ebenfalls vergönnt sein und ist zu akzeptieren. Wir leben zum Glück in einem Land, in dem Mann dies darf. Gefühl und Make-up machen allerdings keinen Mann zur Frau. Nun könnte man sagen, dass es Zeitverschwendung ist, sich mit Männern wie Kellermann zu befassen, wenn dieser sich neuerdings nicht auch noch dazu berufen fühlen würde, für Frauen zu sprechen/ sich stellvertretend für Frauen zu zeigen, wie z. B. geschehen am Internationalen Frauentag 2021.

Anlässlich dessen portraitierte die Wochenzeitung Die ZEIT Frauen aus verschiedenen Lebensbereichen oder besser: das, was sie unter Frauen versteht. Auf dem Titelbild

dazu prangte Herr Kellermann gemeinsam
mit Animata Touré, Bündnis 90/Die Grünen
und Maren Kroymann, Schauspielerin. Meine Mail an Die ZEIT, warum man wenigstens zum Frauentag nicht ausnahmsweise
mal Frauen den Vortritt lassen und deshalb
drei Frauen abbilden könnte, wurde bis heute, Ende Juli 2021, nicht beantwortet.
Dem ZEIT-Artikel und Herrn Kellermann
applaudierten zahllose Frauen, im sozialen
Netzwerk Facebook wurde der Artikel nebst
Berichten und Fotos weiterer Fühl-Frauen
geteilt, es wurden Herz- und Umarmungs-
Smileys darunter gesetzt.
Warum?
Weil Frauen so glücklich sind, dass neuerdings wieder Männer für sie sprechen? Weil
Frauen über Generationen gelernt haben,
dass Gefühlsäußerungen von Männern zu
feiern seien?
Doch das war noch nicht alles, was am Frauentag 2021 verstörte.

Die Demo

Jedes Jahr finden am 8. März weltweit Demonstrationen zu verschiedenen politischen bzw. gesellschaftlichen frauenrelevanten Themen statt. Auch 2021 durfte trotz Corona unter Berücksichtigung der Hygienemaßnahmen demonstriert werden.

Ein Aufruf der Alliance of Internationalist Feminists – Berlin – für eine der Berliner Kundgebungen zum 8. März sah so aus:

„Unser Leben unser Widerstand, brecht das Schweigen, brecht das System
an alle Frauen*, Trans* und Inter-Personen, insbesondere Trans*Frauen, Frauen* der Arbeiterklasse, geflüchtete Frauen*, Schwarze Frauen*, Indigene Frauen*, Frauen* of Colour und Frauen* mit Behinderung"

Nun kann man sagen, Frauen in wichtige und unwichtige Gruppen zu teilen, bzw.

Frauen insgesamt ganz zu verschweigen und dafür Männer „insbesondere" zu erwähnen, hat nichts mit dem Kampf um gemeinsame weltweite Frauen-Emanzipation zu tun, sondern ist lediglich die Liebe zu Zwist und Spaltung. Allerdings war dies noch ein vergleichsweise frauenfreundlicher Aufruf.

Bei eben dieser Demo nutzten u. a. die Gruppen Palestine speaks, Migrantifa Berlin und Black Lives Matter Berlin den Frauenkampftag für ihre politische Agenda, was neben „Free Palestine"-Sprechchören so klang:

„Follow the Palestinian flag to find out Palestine block in the demo for women today. Break the silence, break the system with us and many groups."

„Lasst uns vor allem auf unsere palästinensischen Genossinnen aufpassen!"

„Make your own sign or just come, walk and shout loud with us."

„No cis-men allowed!"

„Die Bullen dürfen nicht auf die Demo!"

„Wir wissen, dass die EU und die deutsche
Regierung bestimmte politische Bewegungen kriminalisieren!"

Usw.

Gegen frauenhassende Verbrecherorganisati-
onen, wie beispielsweise die Hamas, die den
Gazastreifen regiert und dort arabischen
Frauen das Leben zur Hölle macht, war übri-
gens weder ein Plakat zu sehen noch ein
Sprechchor zu hören.

Wen wundert es, dass sich muslimischstämmige Frauenrechtlerinnen, die für die Befreiung der Frau und gegen Gewalt, Mord, Geschlechtsverstümmelung und Schleierzwang
kämpfen, und das in den betreffenden Ländern unter Einsatz ihres Lebens, sich hier
gar nicht erst angeschlossen hatten – und
wenn, vermutlich nicht geduldet worden wären.

Welche Bewegungen von der EU kriminalisiert werden, wie skandiert, war nicht in Er-
fahrung zu bringen. Falls es sich dabei um

palästinensische Terror-Gruppen handeln
sollte, so hätten die Demonstrantinnen wissen müssen, dass diese nicht kriminalisiert,
sondern großzügig mit EU-Steuergeld unterstützt werden, wenn sie sich nicht völlig
dumm anstellen.

„Ein hochrangiger Beamter der Europäischen Union versicherte den Palästinensern
in einem Schreiben, dass die Mitgliedschaft
in oder die Zugehörigkeit zu einer terroristischen Organisation eine Person nicht automatisch davon ausschließe, an von der EU
finanzierten Programmen teilzunehmen.“

Raphael Ahren, *Times of Israel*

Bei besagtem Beamten handelt es sich um
den Leiter der EU-Mission im Westjordanland und Gazastreifen, Sven Kühn von
Burgsdorff. Er schrieb an das in Ramallah
ansässige palästinensische NGO-Netzwerk,
von dem der Times of Israel eine Kopie vorliegt.

„Während die in den Sperrlisten der EU aufgeführten Organisationen und Gruppen nicht von den EU-finanzierten Aktivitäten profitieren können, wird davon ausgegangen, dass natürliche Personen, die mit einer der in den EU-Sperrlisten aufgeführten Gruppen in Verbindung stehen, mit ihnen sympathisieren oder sie unterstützen, nicht von den EU-finanzierten Aktivitäten ausgeschlossen sind, es sei denn, ihr genauer Vor- und Nachname … entspricht einer der natürlichen Personen auf den Sperrlisten der EU." [34]

Wie ich bereits in der Einleitung erwähnte – Frauen sollen sich heutzutage wieder um das Leid der Welt kümmern, somit also auch um das Leid von Terroristen.

---

[34] Terrorfinanzierung https://www.mena-watch.com/eu-will-weiterhin-programme-zu-unterstuetzen-die-terrorgruppen-zugutekommen-koennten/ (2.5.2021)

Was die auf der Frauentag-Demo nicht erlaubten „cis-men" angeht, so hatten diese dennoch die Chance, mitzudemonstrieren, falls gewünscht. Ein bisschen Lippenstift und Rouge und Mann sieht nicht nur gleich viel frischer aus, sondern geht auch als „Frau*" durch, nämlich als gefühlte Frau, gehört damit zur queerfeministischen Opfergruppe und ist nicht nur gern gesehen, sondern sogar „insbesondere" genannt.

Und die „Bullen"?

Dass Queerfeminstinnen den Schutz der „Bullen", die nicht gegendert wurden und auch nicht auf die Demo durften, im Falle eines Angriffs von deutschen FaschistInnen verlangt hätten, ist vermutlich selbstredend. Ebenso, dass auch Queerfeministinnen an den übrigen 364 Tagen im Jahr im Fall von häuslicher Gewalt oder Gewalt gegen Frauen im öffentlichen Raum das Erscheinen und Eingreifen der Polizei erwarten, und das natürlich zu Recht (wie das auf Musik-Festivals gehandhabt wird oder besser nicht gehandhabt wird, werde ich weiter unten ausführen). Was nicht heißen soll, dass man solche PolizeibeamtInnen, die rechtsextremem oder anti-emanzipatorischem Gedankengut anhängen, nicht kritisieren sollte. Natürlich sind sie zu kritisieren, und zwar genauso wie Rechtsextreme und emanzipations-feindliche Subjekte aus aller Herren Länder zu kritisieren sind, statt sie zu Bündnis- und DemopartnerInnen zu machen.[35]

Verlassen wir damit den Internationalen Frauentag 2021 und wenden wir uns einem weiteren unerfreulichen Thema zu: Mord, Totschlag und Gewalt gegen Frauen und queerfeministische Strategien dagegen.

---

[35] Demofilm https://www.youtube.com/watch?v=34fn87AW6PY

Warum das gemeinsame Aufbegehren gegen männliche Gewalt ausfällt

Ab 2015 wanderten mehrere tausend Männer aus Ländern, in denen Frauenrechte teilweise praktisch nicht existieren, nach Deutschland ein. Trotz diesbezüglicher Sozialisation/Erziehung gelingt es einem Teil dieser Männer, keine Gewalt gegen Frauen und Kinder auszuüben. Auch vor 2015 hat es zugewanderte Männer aus z. B. muslimisch geprägten Ländern gegeben, die sich in Deutschland unter anderem aufgrund der gesetzlich verankerten Gleichberechtigung wohlfühlten und -fühlen.

Einem anderen Teil zugewanderter oder bereits hier lebender Männer aber gelingt ein gewaltfreier Umgang mit Frauen nicht.

Nicht vor 2015 und nicht danach.

Woran es liegt, dass die einen können, was den anderen nicht gelingt, soll nicht Gegenstand dieses Kapitels sein. Es fällt nicht in den Zuständigkeitsbereich von uns Frauen, die Beweggründe für männliche Aggressionen und Gewaltausbrüche zu ermitteln. Ebenso wenig ist es unsere Aufgabe, Verständnis für männliche Gewalt zu zeigen, diese gar zu verstehen, zu verzeihen oder die betreffenden Männer, egal ob deutschstämmig oder zugewandert, zu therapieren, wenn dies nicht unser Beruf ist.

Ungeachtet dessen fühlen sich zahllose Frauen genau dazu berufen, die meisten davon absolvierten nie eine professionelle therapeutische Ausbildung oder Ähnliches. Die Tatsache, dass sie Frauen sind und dazu erzogen wurden, zu verstehen, zu dulden, zu helfen, scheint ihnen ausreichend Qualifikation zu sein. Seit einigen Jahren gesellt sich zum Duldungs-Imperativ der Queerfeminismus mit seiner Sparte Kulturrelativismus. Spätestens ab der Silvesternacht 2015/2016 zeigte sich, dass ein Jahr zuvor nicht eine

Million pflegebedürftige Kinder oder edle Wilde nach Deutschland gelangt waren, die es mittels Teddybärwurf am Bahnhof willkommen zu heißen galt.

In besagter Silvesternacht übten arabische Männer verabredet sexuelle Übergriffe auf Frauen im öffentlichen Raum aus, in einigen Heimatländern der Täter ein probates Mittel, unverschleierte, feiernde Frauen in ihre Schranken, nämlich in nicht öffentliche Häuser und Räume, zu verweisen.

Die Presse versuchte zunächst, die Vorfälle zu vertuschen. Als dies nicht mehr gelang, brach ein Wehgeschrei von links bis konservativ los, als hätte mit einem derartigen Vorfall niemand rechnen können, und das, obwohl bereits 2015 fernab des rechten Lagers mahnende Stimmen von muslimischstämmigen Frauen und Männern laut geworden waren, die u. a. wegen solcher Zustände ihre Heimat einst verließen. Doch auch in Deutschland wurden sie jetzt zum Schweigen gebracht, indem man ihnen Rassismus unterstellte.

Die deutsche Politik, gerade noch im Glückstaumel ob ihres „freundlichen Gesichts" Geflüchteten gegenüber, das man weltweit zur Kenntnis nehmen sollte, zeigte sich im Januar 2016 auffallend leise und hilflos. Linke, LINKE (Mitglieder der Partei Die LINKE) und Grüne waren empört. Die linke Empörung galt allerdings nicht den Tätern aufgrund der Übergriffe auf Frauen. Die linke Empörung ergoss sich über Frauen, die es wagten, die Identität der Täter zu benennen und Sicherheit vor ihnen zu fordern. Zahlreiche Frauen aus dem linken Lager schlossen sich ihren Genossen an und übernahmen für sie die Kontrolle in Frauen-Diskussionsgruppen sozialer Netzwerke, zu denen Männer keinen Zutritt haben. Somit war zu jeder Zeit an jedem als links(liberal) ausgewiesenen Ort gewährleistet, dass vermeintliche Männerrechte, zum Beispiel das vermeintliche Recht auf Gewalt gegen Frauen oder das vermeintliche Recht, Frauen aufgrund abweichender Meinungen zurechtzuweisen, zu bedrohen, zu beschimpfen, bzw. aus der Gemeinschaft auszuschließen, gewahrt blieben.

In der Folge nahmen gewalttätige Vorfälle gegen Frauen in Parks, öffentlichen Verkehrsmitteln, auf der Straße, in Schwimmbädern sowie die Hilflosigkeit der Politik zu. Frauen wurden von Henriette Reker, Düsseldorfer Oberbürgermeisterin, angewiesen, eine Armlänge Abstand von „verdächtig erscheinenden" Männern zu halten, sich also um Schutz selbst zu kümmern, falls man an eine Schutzwirkung der Armlänge Abstand glaubt. Es folgten weitere Ratschläge aus der Politik, wie beispielsweise nicht allein im Park zu joggen, nachts nicht allein vom Club nach Hause zu gehen usw., mit anderen Worten: Frauen wurden aufgefordert, ihre Bewegungsfreiheit einzuschränken. Eine Konsequenz für die Täter hatte die Silvesternacht nicht, bis heute (2021) sind knapp 30 von ihnen identifiziert und zu lächerlichen Strafen verdonnert worden, wenn überhaupt. Man kann sagen, die Kooperation unter Männern klappte wieder einmal reibungslos, und das, weil sich wie immer willige Handlangerinnen fanden.

In links(liberalen) Kreisen stieg übrigens proportional dazu die Aggression und der Druck auf solche Frauen, die Gewalt, ausgeübt von Männern aus aller Herren Länder, nicht weiter dulden wollten. Dass auch nichtdeutsche, besonders muslimischstämmige Frauen tagtäglich in erheblichem Maße unter dieser Gewalt zu leiden haben, gilt in linken Kreisen als Nebenwiderspruch.

Die selbstverständlich nicht zu leugnende Tatsache, dass Teile deutscher/westlicher Männer ebenfalls gewalttätig sind, zog die absurde Forderung nach sich, dass Frauen sich (nämlich weil (!) deutsche Männer ebenfalls gewalttätig sind) nicht über einen Zuzug weiterer Gewalttäter beschweren dürften, ja, dies nicht einmal thematisieren sollten.

Die Absicht dahinter war klar: Einer Frau steht es nicht zu, Männer in die Schranken zu weisen. So erklärten sich zahlreiche linke deutsche Männer sehr schnell und unter dem Applaus von Queerfeministinnen für ebenfalls schuldig, wodurch zuletzt kein Schuldiger mehr auszumachen war. Wir alle kennen diese Methode aus der Schulzeit: wenn ein/e beliebte/r KlassenkameradIn die Fensterscheibe der Aula eingeschlagen hatte, meldete sich die gesamte Klasse schuldig. Das Nachsitzen als Kollektivstrafe wurde gemeinsam und vergnügt verbracht. Wagte es aber dennoch einmal jemand, die wahren Schuldigen zu verpetzen, gab es dafür Klassenkeile und Ausschluss aus der Gemeinschaft.

Der erwachsene Klassenraum findet bei

Facebook und Twitter statt. In (queer)linken
Blasen entstanden groteske Rituale, beispielsweise, dass nach einer Gruppenverge-
waltigung, durchgeführt von arabischen
Männern, sämtliche Männer im Lande
schuldig gesprochen werden mussten. Nebenbei bemerkt: Sippenhaft ist ein Mittel archaischer Gesellschaften, wo Gewalt gegen
Frauen nicht selten eine völlig legitime
Form des Umgangs ist. Und dies macht den
Unterschied zwischen der männlichen Gewalt gegen Frauen in der Silvesternacht
2015/2016 und männlicher Gewalt, wie sie
beispielsweise jährlich auf dem Münchner
Oktoberfest vorkommt: Gewalt gegen Frau-
en, die aus dem Haus gehen, um zu feiern,
ist anders als in arabischen Ländern in
Deutschland keine offiziell geduldete Form
der „Bestrafung". Erstattet eine Frau nach
dem Münchner Oktoberfest Anzeige, wird
dieser nachgegangen. Erstattet hingegen eine
muslimischstämmige Frau in einem musli-

misch geprägten Land Anzeige wegen Vergewaltigung, muss sie um ihre Gesundheit, wenn nicht um ihr Leben fürchten. Nach der Kölner Silvesternacht mussten Frauen, die Täter anzeigten und deren mögliche Nationalität nannten, in gewissen Kreisen um ihren Ruf fürchten. Man nähert sich an. Solidarität unter Männern ist eine beneidenswerte Angelegenheit. Solidarität unter Frauen ist bis heute eine brüchige, (zer)störungsanfällige Kostbarkeit. Männer danken den Erhalt ihrer Macht durch unsolidarische Frauen diesen mit ein paar Liebesbröckchen hier und da, ein Pöstchen in der Partei, ein Job dort, wo diese Frauen andere Frauen disziplinieren dürfen. Neuerdings danken Männer, indem der Queerfeminismus von Männern „anerkannt" und als „bunte Alternative" zu „frigiden Emanzen à la Alice Schwarzer" gefeiert wird. Journalisten und Redakteure der sogenannten meinungsbildenden Zeitungen waren nie so bereit wie heute, über Feminismus zu berichten. Natürlich nur über den Feminismus, der nicht auf Frauenrechte pocht. Eine Win-win-Situation; wer außen vor bleibt, sind Frauen und Männer, die für Emanzipation und gegen Gewalt kämpfen.

Aber es gingen 2016 schließlich doch noch Frauen gegen Gewalt auf die Straße? Frauen aus dem konservativen, unpolitischen oder rechten Lager organisierten im Laufe des Jahres 2016 mehrere Demonstrationen. Frauen, die sich dem queerfeministischen Lager zugehörig fühlten, trommelten auf ihren Blogs dagegen. Den prominenten Vertreterinnen der Queer-Ideologie wurde in den entsprechen Medien Platz zum Verunglimpfen ihrer Geschlechtsgenossinnen freigeräumt. Die Politik von links bis konservativ geiferte, als hätten unpolitische oder konservative Frauen keinerlei Recht auf Sicherheit. Was dahinter stand ist klar. Es ging darum, die Bewegung im Keim zu ersticken.

Von links bis konservativ wäre es für die jeweiligen PolitikerInnen und ihre Parteiorgane unbequem geworden, hätten sich große Teile der weiblichen Bevölkerung angeschlossen, um ihren Unmut zu bekunden und konkrete Maßnahmen zu ihrer Sicherheit zu fordern.

Stattdessen beteiligten sich Queerfemistinnen an Demonstrationen, bei denen, mehr oder weniger gut verbrämt, für die uneingeschränkten Rechte der internationalen Männerwelt marschiert wurde, ohne dabei mit einem Sterbenswörtchen auf die Situation von Frauen weltweit aufmerksam zu machen.

Selbstzerstörerisch?

Auf den ersten Blick, ja. Wenn man jedoch bedenkt, dass der Queerfeminismus angetreten ist, um Frauen wieder gesellschaftsfähig zu machen, d. h. für Männer händelbar, zudem begehrenswert, weil hilfsbereit und gefügig, ist dieses Verhalten vollkommen folgerichtig.

Dass es rechten und konservativen Männern nicht immer um das Frauenwohl geht, wenn sie gegen die Asylpolitik der Bundesrepublik auf die Straße gehen, wird vermutlich niemand anzweifeln. Dass es den meisten Frauen im Fall eines Übergriffs lieber ist, wenn ein deutscher konservativer Mann sie aus rassistischen Motiven gegen einen arabischen Mann verteidigt, als wenn ein linker Mann sie aus ideologischen Gründen nicht gegen den Übergriff eines arabischen Mannes verteidigt, wird vom links(liberalen) Männerhirn ausgeblendet, was nachvollziehbar ist, da es nicht um die eigene (Lebens)gefahr geht.

Hier werden Frauen mit einem überaus schlichten Trick unter Druck gesetzt, der aber nicht selten seine Wirkung tut. Der, die einen nichtdeutschen Mann als Sicherheitsrisiko identifiziert, wird Rassismus attestiert. Und zwar nicht im Rahmen einer fairen Diskussion. Im Zeitalter des Internets und der sozialen Netzwerke hat man andere Möglichkeiten. Von Blockieren über Melden über Beantragen von Sperren für die vermeintliche Rassistin ist alles möglich, was die Herzen ideologischer Blockwarte und ihrer queerfeministischen Helferinnen begehren.

Deutsche Frauen und Rassismus
Dass es rassistische deutsche Frauen gibt, also Frauen, die beispielsweise Männern mit dunkler Hautfarbe pauschal bestimmte Eigenschaften andichten, ist unbestritten. Für viele rassistische rechtsradikale Frauen sind Männer mit dunkler Hautfarbe Angehörige einer minderwertigen Rasse, für viele rassistische Queerfeministinnen sind Männer mit dunkler Hautfarbe entmündigt, also Opfer, von denen man deswegen nicht verlangen darf, bestimmte Umgangsformen und Regeln zu beachten.

Doch die überwiegende Mehrheit deutscher
Frauen schert sich nicht um die Hautfarbe
und Herkunft ihres Partners. Viele Frauen
ertragen Männer, die zu Gewalt neigen, egal
ob deutscher oder ob anderer Herkunft, viel
zu lange als Partner.

Zahllose Frauen heiraten asylsuchende bzw.
nichtdeutsche Männer, sei es aus Helfersyn-
drom mit politischem Anstrich, sei es aus
Liebe, sei es aus Hoffnung auf Liebe und
eine glückliche Beziehung. Beziehungen
und Ehen zwischen deutschen Frauen und
Männern nichtdeutscher Herkunft bestehen
in allen (Bildungs)schichten.

Indem man Frauen verunglimpft, die um
ihre Sicherheit fürchten und deshalb den un-
gebremsten Zustrom von Männern aus Kulturen, in denen Gewalt gegen Frauen keine
Straftat darstellt, kritisieren oder aber im
Falle von Verbrechen Täterbeschreibung
verlangen (wozu nun mal auch die Hautfarbe gehört), um den Täter dingfest zu machen

bzw. um Präventionsmaßnahmen auf den
Weg zu bringen, zeigt man deutlich, wessen
Rechte vorrangig sind: die Rechte von Männern, egal welcher Herkunft, egal ob gewalttätig oder friedlich.

Ortswechsel: noch mal Herkunft
Ein anschauliches Beispiel für das Her-
kunfts-Tabu spielte sich im Juli 2019 im sozialen Netzwerk Facebook ab, nachdem bekannt wurde, dass ein Afrikaner im Frankfurter Hauptbahnhof eine Frau und ihren
Sohn vor einen einfahrenden Zug schubste
und dies danach auch bei einer weiteren
Frau versuchte. Der achtjährige Junge starb.
[36]

Zahllose Menschen reagierten entsetzt, wü-
tend, traurig. Viele versuchten, sich in die

------

[36] Die Tat auf dem Hauptbahnhof Frankfurt https://www.fnp.de/frankfurt/hauptbahnhof-frank-
furt-ice-kind-tot-gleis-attacke-psychiatire-ge-
richt-zr-12867650.html (2.5.2021)

Mutter zu versetzen, die vermutlich nie wieder ein normales Leben führen würde. Eine Facebook-Userin aus meiner Kontaktliste setzte einen Post ab, der zum Inhalt hatte, wie sehr sie, selbst Mutter, die Tat mitnehmen würde. Dabei war ihr allerdings der „Fehler" unterlaufen, die Nationalität des Täters zu nennen und zu fragen, warum man möglicherweise traumatisierte, aus Kriegsgebieten geflüchtete Männern hier in Deutschland nicht im Blick hätte, ihnen also nicht gegebenenfalls Therapien o. Ä. anbieten würde. Sofort brach ein Sturm der Empörung los, nicht ob des Mordes, sondern ob der Nennung der Nationalität des Täters. Diese sei umgehend zu löschen, ansonsten, so wurde gedroht, wolle man die Verfasserin bei Facebook als Hetzerin melden und sowieso aus der eignen Kontaktliste kicken. Diejenigen, die sich vor der Realität bereits in den Wahnsinn geflüchtet hatten, ließen ihrer Spiritualität freien Lauf. Eine solche Tat könne überall, jederzeit und durchgeführt von jedem geschehen.

Es fehlte lediglich noch der Hinweis auf die Vorsehung/den lieben Gott/Engel/Geister, die es an diesem Tag nun mal auf den Jungen abgesehen hatten.

Doch der Wahnsinn wurde noch überboten. Wenige Stunden später setzte die SPD-Lokal-Politikerin Anette Ludwig, die sich gern als feministisch geriert und in entsprechenden Facebook-Gruppen unterwegs ist, einen Post zu dem Mord ab. [37]

Ich zitiere (Rechtschreibung und Grammatik wie im Original):

„Mein Tag beginnt beruflich heute am HBF #frankfurt Gleis 8 es liegt trotz des Medienaufkommend Ruhe und Stille über dem

---

[37] Annette Ludwig zur Tat in Frankfurt https://www.facebook.com/photo?fbid=10217449119973695&set=a.10209401724193830 (2.5.2021)

#frankfurthauptbahnhof ich selbst bin nachdenklich und fürchte die Hetze der geistigen BrandstifterInnen die ich so sehr verachte.“

Und geflüchtete Frauen?

Dass sich derart engagierte PolitikerInnen sowie Queerfeministinnen zwar für die Immunität geflüchteter Männer einsetzen, Problemen von geflüchteten Frauen, die in deutschen Flüchtlingseinrichtungen erneut auf ihre Peiniger und leider auch Peinigerinnen treffen oder aber weiterhin von ihren Ehemännern reglementiert, geschlagen und gemaßregelt werden, hilflos bis gleichgültig gegenüberstehen, versteht sich inzwischen vermutlich von selbst. Aber es gibt sie:

Rebellinnen

Irene Kosok, aktiv bei der Flüchtlingsinitiative THFwelcome e.V. und dort speziell für geflüchtete Frauen zuständig, steuerte einen

Beitrag zum im Herbst 2020 erschienenen Sammelband „Zugzwänge – Flucht und Verlangen" (Querverlag) bei. Es ging in Kosoks Beitrag, den sie gemeinsam mit einer geflüchteten Frau verfasst hatte, um eben diese Verfolgung einer emanzipationswilligen Frau in Deutschland. Geflüchtet vor ihrem gewalttätigen Mann, der sie trotz seiner Homosexualität heiraten musste, um keine Schande über seine Familie zu bringen, fand sie auch zunächst in Deutschland keinen Schutz. Flüchtlingsinitiativen und Unterkünfte sind auf solche Fälle nicht eingerichtet, obwohl es keine Einzelfälle sind, wie Kosok aus ihrem Arbeitsalltag berichtete. Man sei in den Unterkünften lediglich darauf eingerichtet, traditionelle Familienmodelle zu unterstützen, auch wenn diese zur Lebensgefahr für Frauen wurden und weiterhin werden.

Kosok war im Oktober 2020 in meiner Kneipen-Talkshow *Der Bedingungslose Nachmit-*

tag zu Gast, um das Buch vorzustellen.[38]
Dort berichtete sie ausführlich über die erschütternden Zustände, denen Frauen in den Unterkünften ausgesetzt sind. Spreche man die dort beschäftigten und in der Überzahl sich als politisch links verstehenden SozialarbeiterInnen oder auch die freiwilligen FlüchtlingshelferInnen auf das Problem an, reagieren diese hilflos bis abweisend. Sich um Fälle abseits der kulturellen Gepflogenheiten der Geflüchteten zu kümmern, sei nicht ihr Job. Das Traurige ist, dass in vielen Ländern Gewalt gegen Frauen eine kulturel-

---

[38] Das Interview mit Irene Kosok haben wir aufgezeichnet. Man kann es anschauen im youtube-Kanal Kieke Ma Film Berlin 2.0 unter dem Titel "Zugzwänge – Flucht und Verlangen" https://www.youtube.com/watch?v=mRe3NfyWvso (2.5.2021)

le Gepflogenheit ist und eben nicht abseits von dieser besteht.

Männer, die ihre Frauen misshandelten und auch in Deutschland weiterhin misshandeln, Frauen und Männer, die nach ihrer Flucht vor Verfolgung und Misshandlung endlich frei sein wollen und in den Einrichtungen für solche Bestrebungen jetzt von ihren Landsleuten verfolgt und misshandelt werden, passen nicht in das linke Bild des edlen Wilden, der nur aus einem Grund nicht in Frieden leben darf: Weil „der Westen" ihn nicht lässt.

Frauenrechtlerinnen aus muslimisch geprägten Ländern

Wie aber denken Frauenrechtlerinnen aus muslimisch geprägten Ländern über queerfeministische Agitation, also die Kooperation westlicher Feministinnen mit unterdrückenden Männern und ihren Gehilfinnen?

Um es nicht unnötig spannend zu machen:
Sie sind enttäuscht, und das aus gutem
Grund. Dazu ein paar Stimmen:
Anfang 2021 kam beim religions- und kir-
chenkritischen Alibri-Verlag ein Buch her-
aus, in dem sich 12 Autorinnen (Mina Ahadi,
Khulud Alharthi, Halina Bendkowski, Naïla
Chikhi, Davina Ellis, Ninve Ermagan, Melanie Götz & Janina Marte, Monireh Kazemi,
Rebecca Schönenbach und Hannah Wettig),
die meisten davon mit (ex-)muslimischem
Hintergrund, noch einmal mit den Vor-
kommnissen der Kölner Silvesternacht
2015/16 befassten.[39]
Der Titel des Buchs lautet: „Ich will frei
sein, nicht mutig" und bezieht sich auf den
8. März 2020, als eine Frau in Algier bei einer Demonstration für Emanzipation ein

---

[39]Interview zum Buch Ich will frei sein, nicht
mutig https://www.youtube.com/watch?
v=gFs2T7VMzW4 (2.5.2021)

Transparent mit dem Slogan „Wenn ich ausgehe, will ich frei sein, nicht mutig“ hochhielt. Dass demonstrierende Frauen in muslimisch geprägten Ländern Gefahren ausgesetzt sind, die ernsthafteren Schaden an Leib und Leben verursachen als Kritik am Queer-Unsinn, dürfte bekannt sein. Dass für Queerfeministinnen eben solche Gefahren wie z. B. das Niederknüppeln oder -schießen einer Demonstration für Frauenrechte in muslimisch geprägten Ländern und die Verhaftung der Teilnehmerinnen nicht der Rede wert sind, beweist einmal mehr entweder den queeren Realitätsverlust oder die Kooperation mit den Unterdrückern oder auch beides.

So beschreibt die Kulturwissenschaftlerin Naïla Chikhi in ihrem Buchbeitrag „Sexuelle Gruppengewalt als soziale Disziplinierung der Frauen unter dem muslimischen Halbmond“, dass die Gewalt in der Kölner Silvesternacht keine zufällige Explosion bemit-

leidenswerter, weil diskriminierter Männer
war, sondern in arabischen Ländern traditio-
nell eingesetzt wird, um Frauen auf ihren
Platz zu verweisen. Und der ist zu Hause.
Dass solche Methoden auch im Aufnahme-
land Deutschland gegenüber westlichen
Frauen zum Einsatz kommen, beweist, dass
die muslimischstämmigen Täter es als
selbstverständlich ansehen, überall auf der
Welt ihre Sitten und Gebräuche zur Anwen-
dung kommen zu lassen. Dass sie sich auch
im Nachhinein keiner Schuld bewusst sind,
kann nicht verwundern bei dem Maß an Relativierung aus dem queerfeministischen Lager bzw. am Aufklärungsunwillen der ver-
antwortlichen PolitikerInnen. Die Ursache
der Gewalt in dieser Nacht sollte erklärt
nicht Thema sein, hieß es übereinstimmend
bei Queerfeministinnen sowie grünen PolitikerInnen wie beispielsweise Claudia Roth.
Das Betrachten der kulturellen Hintergründe
der Täter wäre rassistisch.

Dass Lösungen, beispielsweise mögliche Prävention damit ausfielen, ergibt sich daraus.

Ein weiteres Beispiel:

Die im Iran aufgewachsene Autorin und Jüdin Roya Hahakian gab im März 2021 dem New Yorker Kultur-Magazin The New York Review of Books ein Interview.[40] Hakakian beklagt darin, wie frustrierend es sei, dass westliche Feministinnen so wenig Solidarität mit dem Kampf iranischer Frauen gegen den Verschleierungszwang zeigten, während afghanische, türkische und saudische Frauen am Frauenkampftag Solidaritäts-Videos gepostet hätten. Dass das für diese Frauen mit erheblichen Gefahren verbunden war, braucht eigentlich nicht erwähnt zu werden, auch nicht, dass das Posten von Solidaritätsvideos für deutsche Queerfeminis-

---

[40] Roya Hakakian zu westlichen Femnistinnen https://www.nybooks.com/daily/2021/03/13/looking-back-at-the-land-of-no/ (2.5.2021)

tinnen mit keinerlei Gefahr verbunden gewesen wäre. Und auch, dass westliche Politikerinnen sich nicht mit den kämpfenden Frauen solidarisiert hätten, beklagte Hakakian. Beschämend!

Ein Grund dafür dürfte klar sein. Der Iran ist Geschäftspartner westlicher Nationen bzw. der Bundesrepublik. Wen interessieren da schon unterdrückte, gequälte und ermordete Frauen? Das queerfeministische Gebaren ist also im Sinne der deutschen Regierung, dafür genießen Queerfeministinnen die wohlwollende Aufmerksamkeit der regierungsnahen Presse. Eine klassische Win-win-Situation.

Was Queerfeministinnen am Frauentag 2021 für wichtiger erachteten als Solidarität mit Frauen in muslimischen Ländern (abgesehen von Araberinnen, als deren Peiniger man Juden ausmacht): siehe Kapitel zum Frauentag oben.

Oder:

Die 23-jährige Studentin Sharzad gehört zu den Aktivistinnen vom „Weißen Mittwoch". Beispielsweise in Teheran legen Frauen dieser Gruppe in der Öffentlichkeit immer wieder den vorgeschriebenen Schleier ab. Los ging es im Dezember 2017, als sich eine Frau unverschleiert auf die Eghelab Street stellte. Obwohl dieses Unterfangen lebensgefährlich ist, setzte dies eine Demonstrationswelle, die bis heute anhält, in Gang. Sharzad erklärt 2021 einer Journalistin der Deutschen Welle:

„Wir wagen es, zu rebellieren. Unsere Waffen sind Facebook, Instagram, Twitter und Telegram."

Dass Waffenschwestern unter Queerfeministinnen, ebenfalls überaus Twitter-affin, nicht zu rekrutieren sind, versteht sich vermutlich von selbst. [41]

[41] Shaparak Shajarizadeh zum Kampf iranischer Frauen https://www.dw.com/de/die-stille-rebellion-der-iranischen-frauen/a-52444135 (2.5.2021)

Identitätspolitik

Identitätspolitik ist ein bedeutsamer Programmpunkt in der queeren Agenda.

Was versteht man unter Identitätspolitik?

Zusammengefasst, versteht man darunter das Bedürfnis, eine bestimmte Ethnie, Religion oder Bezugsgruppe und deren Interessen in den Mittelpunkt zu stellen, um ihnen Einfluss und Macht zu verschaffen bzw. das Bedürfnis, die eigene Ethnie oder Bezugsgruppe vor jeder Kritik, auch konstruktiver, die stets als Beleidigung aufgefasst wird, zu beschützen.

Man nutzt Medien und soziale Netzwerke, um herauszustellen, aus welchen Gründen die betreffende Ethnie, Religion oder Bezugsgruppe sich von der Mehrheitsgesellschaft unterscheide und sich deshalb nicht mit dieser gemein machen wolle und könne, um anschließend Medien und soziale Netzwerke für die Anklage wegen Ausgrenzung zu nutzen. Wer widerspricht, hat den Beweis erbracht, rassistisch zu sein.

In Bezug auf Frauenrechte ergibt sich daraus, dass nicht mehr Frauen insgesamt entrechtet oder benachteiligt sind, sondern von Queerfeministinnen definierte Gruppen von Frauen bzw. Männern, die sich als Frau fühlen.

Wir haben bereits gesehen, dass beispielsweise muslimische Frauen, die regressiven, anti-emanzipatorischen Männern zuarbeiten, im Queerfeminismus eine zu schützende Gruppe sind, muslimische Frauen, die gegen regressive, anti-emanzipatorische Männer rebellieren, und das unter Einsatz von Gesundheit und nicht selten Leben, dagegen nicht. Die Kooperation von Queerfeministinnen mit anti-emanzipatorischen Frauen und Männern hat sich in den letzten Jahren zu einer „Antirassitischen" Eventkultur entwi-

ckelt, die öffentlich gefördert und bezu-
schusst wird.

Ein anschauliches Beispiel dafür ist:

Das Lesen der Anderen – Wehrhafte Poesie
im Haus der Poesie, gefördert unter anderem
durch die Senatsverwaltung für Kultur und
Europa des Landes Berlin und eurobylon –
Verein zur Förderung kultureller Aktivitäten
im Namen des europäischen Gedanken auf
dem Gebiet von Kunst und Kultur.[42]

Mit dabei u. a. Kübra Gümüşay, in Queer-
kreisen gefeiert als Feministin. Wir erinnern
uns, dass Gümüşay auch auf Veranstaltungen
der islamistischen Millî Görüş-Bewegung
auftritt, beispielsweise 2016, um einen Vortrag zu halten. Für das Organisationsteam
der wehrhaften Poesie (wehrhaft gegen wen,
fragt sich da) scheint das kein Problem zu

---

[42] *Das Lesen der Anderen https://www.haus-fuer-
poesie.org/de/literaturwerkstatt-berlin/kanalfuer-
poesie/mediathek/2020/das-lesen-der-anderen-ii
(2.5.2021)*

sein.

Dazu ein bisschen Geschichte: Necmettin Erbakan, türkischer Politiker, gründete dort 1970 die erste Partei der islamistischen Millî Görüş-Bewegung namens Nationale Ordnungspartei. Ein Jahr später wurde die Partei verboten. Erbakan aber war nach wie vor nicht nur davon überzeugt, dass der Islam die einzige Rettung für die Menschheit darstelle, sondern verbreitete zu Lebzeiten in türkischen Medien auch klassische antisemitische Stereotypen, wie beispielsweise die Wahnvorstellung, dass Juden Bazillen wären, die die Welt infizieren wollten.

Einer dieser angeblichen Bazillen, der Autor Max Czollek, ebenfalls bei „Das Lesen der Anderen" mit von der Partie, stellte in der Milli-Görüs-Moschee Centrum in Hamburg, sein Werk „Desintegriert euch" vor. Applaus war ihm sicher. Necmettin Erbaka scheint posthum den Nerv der Zeit beziehungsweise den Nerv einer aufklärungsmüden Generation zu treffen.

Und noch mal Kultur:

„Friedensforscher" und erklärter BDS-Aktivist Sa'ed Atshan referierte 2018 ungestört am ICI-Institut Berlin. Unter der Rubrik Supporting Partners sind auf der Institut-Website u. a. aufgeführt: Der Berliner Senat und die Bundeszentrale für politische Bildung. Sowohl beim Berliner Senat als auch bei der Bundesregierung hat man sich offiziell gegen BDS positioniert. Das ICI Berlin vergibt Stipendien an Forschende und Kulturschaffende. Im Namen der Kultur ist man beim Berliner Senat und bei der Bundeszentrale für politische Bildung also sowohl gegen BDS, deren MitstreiterInnen, wie bereits erwähnt, Forderungen vom Boykott israelischer Waren bis hin zur Zerstörung des Staates Israel erheben, als auch dafür, BDS und seine MitstreiterInnen zu fördern. Man könnte hier schlussfolgern, dass die Lippenbekenntnisse vorneherum und die Taten hintenherum geschehen.[43]

Und noch einmal Identitätspolitik ganz aktuell:

Covid 19 und die inzwischen daraus entstandenen Mutanten haben die Welt seit 2020 im Griff. Das am häufigsten gewählte Mittel zur Eindämmung der Pandemie heißt für die meisten Staaten Lockdown. Nun ist es nicht Thema dieses Buches, über den Sinn und Unsinn von Maßnahmen gegen die Ausbreitung von Viren zu urteilen. Was allerdings im Zusammenhang mit Identitätspolitik interessant ist: Ab Frühjahr 2021 gingen Meldungen durch die Medien, wonach MigrantInnen von Anfang an stärker von Covid 19 betroffen seien. Zunächst waren diese Meldungen unbestätigt, inzwischen haben ÄrztInnen und Kliniken sie bestätigt. Mitte April

---

[43]Geförderte BDS-Kultur in Berlin https://www.i-ci-berlin.org/events/saed-atshan/ (2.5.2021)

meldete FOCUS Online, die Redaktion habe ein Dokument mit einem „alarmierenden Corona-Befund aus einem Kölner Großkrankenhaus" erhalten, wonach Covid 19 bei Menschen mit Migrationshintergrund häufiger aufträte als bei Menschen ohne Migrationshintergrund. Focus schrieb dazu, dass die Gründe vielfältig seien, doch auch Zusammenkünfte von Clan-Familien könnten eine Rolle spielen. Am Tag der Meldung fände beispielsweise eine solche unter großem Polizeiaufgebot in NRW statt. Der Informant, der FOCUS Online die Excel-Tabelle mit den Befunden aus einer Kölner Klinik zur Verfügung gestellt hatte, wolle anonym bleiben, und zwar aus Angst vor Konsequenzen. Sein Name sei der Redaktion bekannt. Diesen Umstand monatelang zu verschweigen bzw. auch jetzt nicht vollständig auszuleuchten, ist eine Konsequenz der Identitätspolitik mit tödlichen Folgen. Hätte man sofort nach Bekanntwerden dieses Umstands gehandelt und Maßnahmen auf den Weg gebracht, bestimmte Bevölkerungsgruppen sorgfältiger darüber aufzuklären, welche Konsequenzen ihr Verhalten für sie und ihre Mitmenschen haben könnte, wären womöglich Leben gerettet worden bzw. Intensivstationen weniger ausgelastet gewesen. Offenbar ist die Angst, als rassistisch angeprangert zu werden, größer als die Angst vor Covid-Toten und überlasteten Intensivstationen. Dies wird eingeräumt in einem Artikel in der WELT vom 27. April 2021, wo es um das gehäufte Auftreten von COVID 19 Erkrankungen in migrantischen Communities in Berlin Neukölln geht.[44]

---

[44] Corona bei MigratInnen

https://www.welt.de/politik/deutschland/plus230666261/Infektionsrisiken-Corona-unter-Migranten-und-die-Angst-vor-dem-Rassismusvorwurf.html

https://www.focus.de/politik/deutschland/dokument-aus-koeln-2-von-3-corona-intensivpatien-

Identitätspolitik und die Presse

Auch die Presse lässt diejenigen zu Worte kommen, die Freiheits- und Aufklärungs-Überdrüssige anlocken und fürs Zeitungslesen gewinnen sollen, beispielsweise TAZ-Autorin Hengameh Yaghoobifarah, eine ebenfalls in der queeren Szene Gefeierte. Für Yaghoobifarah stellt die westliche Demokratie das verachtenswerte Werk weißer Männer dar. Eben diese verachtungswürdige Demokratie ermöglichte Yaghoobifarah 2020, deutschstämmige PolizistInnen als Müll zu bezeichnen.[45] Die vermeintlich

ten-mit-

migrationshintergrund_id_13171359.html (2.5.2021)

[45] Yaghoobifarah zu müllwerten Individuen: All cops are berufsunfähig https://taz.de/Abschaf-fung-der-Polizei/!5689584/ 82.5.2021)

müllwerten Individuen gewährten ihr wiederum Hilfe gegen Hassattacken, die auf Yaghoobifarahs Hassattacke folgten, was zu erwarten war. Ein Jahr zuvor hatte Yaghoobifarah gemeinsam mit weiteren AutorInnen, die es zwar müde sind, als MigrantInnen herumgereicht zu werden, aber auf ihren Migrationshintergrund und ein damit verbundenes Kritikverbot an ihrer Kultur erklärt pochen, das Sachbuch „Eure Heimat ist unser Albtraum" herausgegeben, ein Manifest gegen die Zustände, die den u. a. muslimischen AutorInnen die begrüßenswerte und in den Ländern ihrer Altvorderen verwehrte Freiheit bescheren, ein solches Buch unzensiert herauszugeben.[46]

Auch im Buch zeichnet sich der Trend dieser

[46] Heimat oder Alptraum? https://www.ullstein-buchverlage.de/nc/buch/details/eure-heimat-ist-unser-albtraum-9783961010363.html (2.5.2021)

Zeit alias Rebellion ab: Muslimisch restriktive Kultur wird als revolutionäres Gegenmodell zur Demokratie gefeiert, die muslimischstämmigen AutorInnen huldigen dieser, ihrer anti-emanzipatorischen Kultur. Den jüdischstämmigen AutorInnen fällt die Aufgabe zu, sich und den Staat Israel, demokratische Insel im Nahen Osten, und die Maßnahmen dort zur Sicherheit der multikulturellen Bevölkerung infrage zu stellen. Unter dieser Bedingung sind Jüdinnen und Juden in der Queerszene willkommen. Jüdinnen und Juden, die ihre Belange, selbst die existentiellen nach beispielsweise Sicherheit, nicht zurückstellen möchten, gehören hingegen zum Zirkel der privilegierten UnterdrückerInnen, auch dann, wenn sie nicht mal in Israel leben. Eigentlich überflüssig zu erwähnen, dass hier das uralte Stereotyp benutzt wird, wonach Jüdinnen und Juden sämtlich unter einer Decke stecken (außer sie schwören ab), um die Welt und aktuell den Queerfeminismus zu unterjochen.

Um nicht falsch verstanden zu werden: Meiner Meinung nach ist es legitim bis ausgesprochen begrüßenswert, wenn Herkunft keine Rolle spielen soll. Aber warum nur die Herkunft bestimmter Individuen keine Rolle spielen soll, bleibt eines der vielen Widersprüche im Queerfeminismus.

Will man dennoch eine Regel formulieren, könnte diese lauten, umso anti-emanzipatorischer und repressiver eine Gesellschaft ist, umso mehr gilt es, sie vor Kritik zu schützen. Die Identitätspolitik der Queeren scheint zum Ziel zu haben, Aufklärung und Freiheit zu torpedieren. „Islamischer Feminismus", also Kopftuch, Zwangsehe und Geschlechtsverstümmelung, ist gleich Rebellion gegen westliche Ausbeutung des weiblichen Körpers – so und ähnlich lautet die Kampfparole. Es ist nicht mehr das Unbehagen an männlicher Herrschaft und Gewalt insgesamt der früheren Frauenbewegung, sondern jetzt das Unbehagen daran, dass der „alte weiße Mann“ und nicht der junge (oder alte) muslimische bzw. dunkelhäutige Mann herrscht und gewalttätig ist.

Zwar möchte ich in diesem Buch nicht auf jede verqueere Idee der Kollaborateurinnen anti-emanzipatorischer Männerbünde einge-hen, denn ihre Ideologie ist immer dieselbe: wirre, frauenfeindlich und widersprüchlich. Hengameh Yaghoobifarah allerdings erlaube ich mir noch einmal unter einem anderen Aspekt zu betrachten, da sie in doppelter Hinsicht gegen Frauen agiert. Abgesehen davon, dass Herkunft für sie eine große Rol-le spielt, bezeichnet die Kulturwissenschaft-lerin sich selbst nämlich ausdrücklich als ge-schlechtslos. Damit liefert sie nicht nur ei-nen Beitrag zum Wegdefinieren von Frauen insgesamt, sondern bedient darüber hinaus das uralte sexistische Klischee, wonach eine dicke Frau, also eine Frau, die dem aktuellen

Schönheitsideal nicht entspricht, keine Frau sondern ein (unattraktives) Neutrum ist. Zahllose dicke Frauen, die sich in den letzten Jahren mühevoll in der Öffentlichkeit einen Platz erobert haben und erreichten, dass ihre Figur nicht mehr retouchiert sondern respektiert wird, sie Klamotten vorführen und in Bands singen dürfen, sie als Star wahrgenommen werden und zeigen, dass eine Frau vieles sein darf, u. a. auch dick und dennoch kein Neutrum, sondern eine Frau ist, die Erfolg haben kann, erweist Yaghoobifarah mit ihrer rückwärtsgewandten Selbstbezichtigung einen Bärendienst. Dennoch publizieren Yaghoobifarah und weitere junge Frauen aus dem Queerbetrieb in linken Medien, wie beispielsweise der Taz, die sich lange Zeit als emanzipatorisches Blatt feiern ließen. Linke Medien wie Taz, aber auch Der Freitag oder Neues Deutschland, sind dem antiemanzipatorischen Queersinn und ihren Protagonistinnen durchaus zugetan.

Was folgt daraus?

Da es sich bei der Zuneigung von Linken zu Islam und Queerfemnistinnen und der Zuneigung von Queerfeministinnen zu Kulturrelativismus und Islam um keine deutsche Spezialität handelt, kann man konstatieren, dass die westliche Linke und ihre Medien den Kampf für Frauenrechte den Rechten überlassen möchten. Ob diese die richtigen AnsprechpartnerInnen für das Thema sind, ist die Frage. Darüber zu diskutieren, ist allerdings sinnlos, denn die Linke fühlt sich für emanzipations-willige Musliminnen ebenso wenig zuständig wie für deren westliche Unterstützerinnen.

In Frankreich sind die Konsequenzen bereits greifbar.[47] Erklärte Rechtsaußen-Politikerinnen wie Marine Le Pen bekommen in einem Land, in dem inzwischen Bündnisse zwi-

---

[47] Die Linke und die Muslimbruderschaft https://www.voltairenet.org/article210371.html (2.5.2021)

schen Linken und IslamistInnen bestehen, Zulauf. Und wenn ich von Bündnissen schreibe, meine ich offene Bündnisse. Im Sommer 2020 verbündete sich die gemeinsame Liste linker Parteien, Archipel citoyen, in der zweiten Runde der Kommunalwahlen in Toulouse mit der Muslimbruderschaft. Teile der französischen Linken sehen die Revolution darin, sich als „Islam-Linke/r" zu outen. „Je suis un islamogauchiste parce que …" – die Aufzählung der Gründe für linke Sehnsucht nach Rückschritt, Unfreiheit und Unterjochung lese man selbst im Internet nach. Wen wundert es, dass Französinnen und Franzosen auch ihre Rechten nicht zu kurz kommen lassen wollen. Seit 2017 ist Marine Le Pen Abgeordnete der französischen Nationalversammlung. Vom Time Magazine wurde sie bereits zweimal, 2011 und 2015, zu einer der 100 einflussreichsten Personen der Welt ernannt.

Es ist eine Frage der Zeit, wann in Deutschland eine breitere Bevölkerungsschicht den Kampf gegen anti-emanzipatorische Umtriebe ebenfalls nur noch Rechtsaußen-PolitikerInnen zutraut.

Die Linke einst

Die westliche Linke ist einst angetreten, um gegen Ungleichheit, Ausbeutung und Krieg und für Emanzipation zu kämpfen und um sich an die Seite der Unterdrückten zu stellen. Spätestens seit der Jahrtausendwende ist davon nicht mehr viel übrig. Das Spezialgebiet einer westlichen bzw. einer deutschen Linken ist heutzutage ein Konglomerat aus Islam-Appeasement, Poststrukturalismus, Queerfeminismus und Antiimperialismus. Marx21, eine im Bundesvorstand der Partei Die LINKE vertretene trotzkistische Organisation und eines der Sammelbecken für emanzipations-müde ZeitgenossInnen, labelte bereits vor Jahren islamistisches Treiben als rebellisch, subversiv und revolutionär.

Nach dem Motto „Mit den Islamisten manchmal, mit dem Staat niemals" prangerte man zwar „die konterrevolutionäre Politik der Führung" der sunnitisch-islamistischen Muslimbruderschaft an, rief aber dazu auf, die Jugend und andere Unzufriedene in der Muslimbruderschaft, die „ernsthaft für die Revolution" seien, für den Kampf gegen Imperium und Kapital zu gewinnen. Dies geschah nicht etwa intern, sondern weltöffentlich im Internet bzw. in sozialen Netzwerken.[48]

Solcherlei Revolutionsgelüste einer reaktionären TrotzkistInnen-Sekte sind, ein wenig glatt gebügelt und vermeintlich entschärft, in linksliberale Alltagskultur hineingeschwappt und finden sich nicht nur im Event-Antirassismus des linken Bildungsbürgertums, sondern auch im Kunst- und Kulturbereich sowie an den Universitäten.

---

[48] Marx21 und die Islamisten https://www.marx21.de/30-05-12-aegypten/ (2.5.2021)

In Frankreich ist man wieder einen Schritt
weiter. So sprach der Rassismus-Forscher
Pierre-André Taguieff bereits 2002 von Isla-
mo-Gauchiste und meinte die Verbrüderung
von IslamistInnen und Linken. Es folgten
Elisabeth Badinter, Frauenrechtlerin und
Philosophin, sowie die Frauenrechtlerin und
Autorin Caroline Fourest, die sich 2020 des
Themas annahmen. Fourest schreibt in
ihrem 2020 erschienenen Buch „Generation
Beleidigt" von Bündnissen zwischen IslamistInnen und Linken, die gemeinsam gegen
Demokratie und Meinungsfreiheit vorge-
hen.[49] Fourest selbst sei bereits Opfer solcher Attacken geworden. Weil sie die Burka
kritisiert habe (ein tragbares Gefängnis, das
Frauen u. a. körperliche Schäden aufgrund

---

[49] Fourest: Generation beleidigt https://www.fr.-
de/kultur/literatur/caroline-fourest-generation-be-
leidigt-sag-mir-welcher-herkunft-du-bist-und-
ich-werde-dir-sagen-ob-du-reden-darfst-
90250482.html (2.5.2021)

von Vitamin D-Mangel zufügt), sei eine Gruppe von über 50 sogenannten Islam-Linken auf einer Konferenz, wo auch sie sprach, erschienen, um die Veranstaltung massiv zu stören.

Kaum verwunderlich, dass die, für die die Linke oder auch die Partei DIE LINKE einst angetreten sind – Erwerbslose, LohnarbeiterInnen in prekärer Situation und Menschen mit niedrigem Bildungsstand und schlechten Berufschancen – sich längst verabschiedet haben und jetzt ihre Hoffnung in RechtspopulistInnen setzen. In strukturschwachen Regionen, besonders in Ostdeutschland, punktet die AfD.

Und auch den Antirassismus hat die Partei Die LINKE auf lediglich eine Menschengruppe zugeschnitten, nämlich auf die „Kuscheltiere" der linken QueerfeministInnen.

Den Begriff Kuscheltiere der Linken prägte 2016 der israelisch-arabische Psychologe und Autor Ahmad Mansour, der seit Jahren fordert, MuslimInnen endlich ernst zu nehmen, statt sie wie entmündigte Kuscheltiere zu behandeln. Dass Ahmad Mansour vielen Linken und LINKEN unbequem ist und deshalb im besten Fall ignoriert, im schlimmsten Fall verunglimpft wird, dürfte nicht verwundern.

Doch es gibt auch Linke, die aufbegehren. 2019 beklagte der Vorsitzende der Linksfraktion in der Neuköllner Bezirksverordnetenversammlung, Thomas Licher, die einseitige Ausrichtung des Bezirksverbandes der Partei Die LINKE. Er mahnte an, dass es in Neukölln neben MuslimInnen auch andere marginalisierte Gruppen gebe, z. B. Sinti und Roma, auf die die LINKE ihr Augenmerk legen müsste.[50]

---

[50] LINKE Neukölln: Thomas Licher geht https://www.neues-deutschland.de/artikel/1121338.linke-neukoelln-thomas-licher-wechselt-den-clan.html (2.5.2021)

Ob man MuslimInnen in Neukölln als marginalisierte Gruppe bezeichnen kann, ist eine diskussionswürdige Frage, die aber offenbar im linken Bezirksverband noch nie erörtert und auch nicht von Licher angestoßen wurde.

Klar ist natürlich: MuslimInnen sind von Diskriminierung betroffen, so auch in Neukölln. Klar ist aber auch: Männer aus arabischen und muslimisch geprägten Ländern sind ebenso Täter. Die größte Gruppe ihrer Opfer sind übrigens Frauen bzw. AtheistInnen aus der eigenen Community.

Geändert hat sich seither in der Agenda der Neuköllner LINKEN nichts. Da die LohnarbeiterInnen weggelaufen sind, erhofft man sich unter MuslimInnen vermutlich neue WählerInnen und verkennt, dass die, die man hofiert, zu konservativ sind, um die Partei Die LINKE zu wählen und diese lediglich als Zusammenschluss nützlicher IdiotInnen schätzt, und die MuslimInnen, die an Freiheit und Emanzipation interessiert sind, die LINKE nicht wählen, weil die mit ihren UnterdrückerInnen kooperieren.

Die Linke im Wahlkampfmodus
Im Herbst 2021 ist Bundestagswahl. Obwohl die Linke trotz der Auswirkungen des Corona-Lockdowns für Nicht-Begüterte, als da z. B. wären Pleitewellen von KleinunternehmerInnen und steigende Kinderarmut, in Umfragen irgendwo bei 7 % herumdümpelt, hat sie allem Anschein nach noch nicht aufgegeben. Im Bundesvorstand der Partei Die LINKE verwendet man nicht etwa all seine Energie in das Ausarbeiten von Programmen, die Menschen ohne Vermögenswerte, z. B. durch den Corona-Dauerlockdown geschädigten KleinunternehmerInnen, zugutekommen, sondern pocht per dauernder Presseerklärungen darauf, GenossInnen mit Migrationshintergrund per Quote zu bevorzu-

gen.[51] Was das bedeutet, ist klar. Es bedeutet nichts anderes, als dass Menschen einzig und allein auf ihre Herkunft reduziert werden, als seien MigrantInnen eine homogene Gruppe. Menschen mit Migrationshintergrund, die sich als ganz normale Deutsche definieren, als solche wahrgenommen werden wollen und ihre Fähigkeiten und nicht ihre Herkunft in den Vordergrund stellen, erreicht man mit solchen Machenschaften ganz sicher nicht, denn sie fühlen sich zu Recht entmündigt bzw. sehen ihre Fähigkeiten und Talente entwertet. Auch erreicht man emanzipierte MigrantInnen ganz sicher nicht dadurch, dass man, wie vom Berliner Landesvorstand der Partei Die LINKE betrieben, die „Zusammenarbeit mit migrantischen Vereinen" oder Nutzung „migrantischer Räume", pauschal hochhält, ungeach-

---

[51] MigratInnen in der Partei Die LINKE https://dielinke.berlin/fileadmin/download/ 2020/1205/a19.pdf (2.5.2021)

tet dessen, dass diese Vereine teilweise zweifelhafte, vom Verfassungsschutz beobachtete Moscheeverbände und vergleichbare Institutionen sind, von denen sich emanzipierte MuslimInnen nicht nur nicht vertreten, sondern auch verfolgt fühlen.

Der Vollständigkeit halber sei hier aber erwähnt, dass sich auch der Berliner Senat unter Führung der SPD lieber die Expertise von dem Islamismus nahestehenden MuslimInnen denn von demokratischen MuslimInnen einholt. Anfang 2021 wurde in Berlin Mohamad Hajjaj in die „ExpertInnenkommission zu antimuslimischem Rassismus" berufen.[52] Hajjaj ist im Verein Inssan aktiv. Zu Inssan siehe oben unter: KooperationspartnerInnen des #unteilbar-Bündnis.

---

[52] Kooperation mit Islamisten in Berlin

https://www.welt.de/politik/deutschland/article229101711/Berlin-beruft-Islamisten-in-Kommission-gegen-antimuslimischen-Rassismus.html (2.5.2021)

Und auch laut Recherche von Frederik Schindler im März 2021 für Die WELT anlässlich der neuen Berliner Kooperation unterhält Inssan bzw. halten die dort organisierten Personen Kontakte zu islamistischen Organisationen, die vom Verfassungsschutz beobachtet wurden oder werden.

Was das mit Queerfeministinnen zu tun hat? Die Politik kann nur so weit, wie die Wählerschaft mitgeht bzw. wie die Wählerschaft es vormacht. Wenn die potenzielle linke WählerInnenschaft Islamistinnen zu ihren Demo-Bündnis-PartnerInnen ernennt, zu schützenswerten Gruppen erklärt und emanzipierte MuslimInnen als RassistInnen verunglimpft, will die Politik dem in nichts nachstehen. Schon gar nicht im Superwahljahr.

Frauen und die Partei Die LINKE

Für emanzipierte Frauen ist die Partei Die LINKE keine Ansprechpartnerin mehr, was sie allerdings tatsächlich noch nie in herausragendem Maß war. Frauenunterdrückung in linken Kreisen gilt von jeher als Nebenwiderspruch. Wenn der Sozialismus erst einmal über die ganze Welt kommen würde, wären auch Frauen frei. Diese alberne Tagträumerei muss man nicht kommentieren. Allerdings sei zur Ehrenrettung erwähnt, dass Frauen für Die LINKE einst zumindest existierten. Heute gibt es für trendbewusste Linke nur noch – um sich beim Queerfeminismus anzubiedern – Menschen. Menschen die „weiblich gelesen werden", „Menschen, die gebären" und ähnliche Sprachabsurditäten mehr.

Und auch die Blockwart-Tradition der einstigen sowjetischen Besatzungszone hat man wiederentdeckt und zeitgemäß aufpoliert, um „Menschen, die weiblich gelesen werden" in ihre Grenzen zu weisen. Erprobt wurde das Instrument nach der Kölner Silvesternacht 2015/16, wo Linke und LINKE durch die sozialen Netzwerke patrouillierten, um Frauen, die sich über die Gewalt arabisch sozialisierter Täter empörten, mit Hilfe der Rassismuskeule zum Schweigen zu bringen, flankiert von Frauen aus dem queerfeministischen Lager. Seither setzt man auf diese Methode, wo immer man Männerrechte in Gefahr sieht, wenn auch das nicht mehr hilft, wird gecancelt.

Doch Queerfeministinnen scheinen dennoch nicht die neue WählerInnenschaft der Partei Die LINKE zu sein. Die Zahlen bei den meisten Landtagswahlen der letzten Jahre deuten nicht darauf hin.

Teile der ehemaligen WählerInnenschaft haben sich dagegen verdünnisiert bzw. erhoffen sich, wie inzwischen allgemein bekannt ist, gerade im Osten der Republik Beistand von der AfD. Wen wundert es, dass beispielsweise Frauen, die prekär und /oder zu Niedriglöhnen beschäftigt sind und nicht wissen, wie sie ihre Kinder satt kriegen sollen, ohne zusätzliche Sozialleistungen inklusive Demütigung und Gängelei zu beantragen, wenig Verständnis dafür aufbringen, dass die neue Passion der Partei Die LINKE Identitätspolitik ist bzw. eine altbewährte Passion der Partei Die LINKE noch immer das unantastbare internationale Männerrecht ist.

Warum aber sollte eine Frau, die aufgrund ihres Geschlechts womöglich bereits ihr gesamtes bisheriges Leben lang Gewalt und Benachteiligung ertragen musste, mit Männern Mitleid haben, deren Problem es ist, dass sie auf üblichem Wege keine Frau finden oder aber dass sie sich selbst als Frau fühlen, sobald sie beruflich fest im Sattel sitzen.

Übrigens: Auch Männer, die sich als Frau fühlen, nutzen gegen Frauen, die für männliche Spleens weder Zeit noch Interesse aufbringen können und wollen, ebenfalls bereits ein Disziplinierungsfachwort. Zuarbeitende Queerfeministinnen haben es übernommen. Es lautet:

Transmisogynie

Damit komme ich zu einem Männerthema, das eigentlich in einem Buch über Feminismus und Frauenrechtsbewegung nichts zu suchen hätte, wenn Frauen sich nicht „insbesondere" für das Wohl solcher Männer, die sich mit dem ihnen im Mutterleib zugewiesenen Geschlecht unwohl fühlen, zuständig fühlen würden.

Dazu zunächst etwas Geschichte.

Der Schriftsteller, Biologe und Transgendermensch Julia Serano[53] prägte den Begriff Transmisogynie 2007 und bezeichnete damit das Zusammenwirken von Frauenfeindlich-

---

[53] Julia Serano https://juliaserano.com/ (2.5.2021)

keit und Transfeindlichkeit. Serano beabsichtigte, auf die doppelte Diskriminierung hinzuweisen, die einer männlichen Person, die ihre im Mutterleib entstandenen Geschlechtsmerkmale ablehnt, bzw. aufgrund dieser leidet und sich mit Hilfe von als weiblich geltender Kleidung, Kosmetik oder Operation Linderung zu verschaffen versucht, entgegenschlägt.

Der Begriff ist irreführend. Eine Frau ist, wie ich bereits weiter oben ausführte, eine Frau und kein Transmensch, und ein Transmensch ist keine Frau, wie oft und laut auch immer Transmenschen und Frauen aus Queer-Kreisen dies insinuieren, bzw. wie oft und laut auch immer den Frauen, die für Frauenrechte (und nicht für Transrechte) kämpfen, Transmisogynie oder Transhass vorgeworfen wird. Der Vorwurf ist schnell entkräftet. Gruppenbezogene Menschenfeindlichkeit wird von Frauenrechtlerinnen abgelehnt, bzw. wird das Vorkommen von

gruppenbezogener Menschenfeindlichkeit,
egal ob Menschenfeindlichkeit Frauen trifft,
ob sie Transmenschen trifft, ob sie jede andere Gruppe von Menschen trifft, diskutiert.
Gewalt gegen oder Hass auf Menschen, die
ihr im Mutterleib entstandenes Geschlecht
nicht akzeptabel finden, wird von Frauenrechtlerinnen nicht befürwortet.

Wie entsteht Transsexualität?
Zunächst: Transsexualität ist nicht zu ver-
wechseln mit Intersexualität, einer genetisch
bedingten Abweichung der Geschlechtschro-
mosomen, bzw. Merkmale beider Geschlechter bei der Geburt. Initiativen interse-
xueller Menschen haben in den letzten Jahr-
zehnten erfolgreich dafür gekämpft, dass
Zwangsoperationen, die früher nach der Geburt durchgeführt wurden und bei denen der
Operateur mit oder ohne Absprache mit den
Eltern das Geschlecht bestimmte, nicht mehr
durchgeführt werden. Intersexuelle Men-

schen leben in der Regel mit Merkmalen beider Geschlechter, ohne dass ihnen dieser Umstand psychische Probleme bereitet. Eine häufig geäußerte Aussage lautet: Ich bin so und deshalb ist es richtig/in Ordnung/normal. Transmenschen hingegen empfinden ihr Geschlecht als falsch, was bereits auf eine Schwierigkeit, Transsexuallität verstehen zu wollen, hinweist. Geschlecht an sich kann nicht falsch oder richtig sein. Geschlecht kann jedoch für eine beurteilende Person subjektiv falsch oder richtig sein, man denke an den Wunsch nach Söhnen in vielen Kulturen, man denke an Länder, in denen Operationen mit dem Ziel, optisch dem anderen Geschlecht zu ähneln, vor (Todes)strafe wegen Homosexualität schützen können. Transmenschen erachten das eigene Geburtsgeschlecht als falsch, und das, wie bei nicht wenigen Betroffenen der Fall ist, bereits ab der Kindheit, was mit Leidensdruck verbunden ist.

Frauenrechtlerinnen wollen Transmenschen das Gefühl des Leidens nicht absprechen, Gefühle sind subjektive Reaktionen auf Ereignisse, Begebenheiten usw., also nicht absprechbar. Man kann versuchen, die Ursache für die Entstehung eines Gefühls zu ändern oder zu beeinflussen, dafür sind Frauenrechtlerinnen aber nicht zuständig, ebenso wenig sind sie dafür zuständig, zu entscheiden, ob Therapien oder Operationen geeignete Mittel sind, Transmenschen Linderung zu verschaffen.

Ob die routinierte Körperverletzung, auch als angleichende Operation bezeichnet (angleichen an was?), mittlerweile ein Geschäftszweig in der Medizin, ein Ende hätte, wenn man aufhören würde, Kinder in Geschlechterrollen zu pressen, stattdessen ihre Entscheidungen bezüglich Kleidung, Spielzeug, Verhalten usw. bedingungslos akzeptieren würde, ist bislang nicht abschließend geklärt. Auffallend ist, dass sogenannte geschlechtsangleichende Operationen immer häufiger bereits in oder sogar vor der Pubertät vorgenommen werden. Ob es dabei um das Kindeswohl geht oder um ein lukratives Geschäft, maße ich mir nicht an, zu beurteilen. In den letzten Jahren kam an der Praxis dieser Operationen Kritik auf. Auch ist inzwischen bekannt, dass einige Menschen, die sich gerade in jungen Jahren für eine medizinische Körperverletzung entschieden haben, den Schritt bereuen bzw. aufgrund dessen psychische Erkrankungen entwickeln. In England hat man Ende 2020 reagiert: Die Britin Keira Bell, heute 23 Jahre alt, bekam als Teenager Pubertätsblocker und gegengeschlechtliche Hormone verschrieben, die bei ihr bleibende gesundheitliche Probleme verursachten. Sie klagte. Die Richter des High Court des vereinigten Königreichs entschieden daraufhin im Dezember 2020, dass Kinder unter 16 Jahren nicht in der Lage wären, die Folgen einer solchen Behandlung zu überblicken und „eine sachkundige Einwilligungserklärung zu den experimentellen Therapien zu geben, die ihren Körper verändern".

Wie sich diese Entscheidung auf lange Sicht auf die Praktiken der medizinischen Körperverletzung bzw. auf die körperliche und psychologische Begutachtung und Beurteilung vor medizinischer Körperverletzung auswirkt, wird sich noch zeigen.

Was allerdings nichts daran ändert, dass Geschlecht an sich, nämlich ohne Anwesenheit eines beurteilenden Bewusstseins, nicht falsch oder richtig ist.

Trans-Rechte

Transsexualität kann in seiner ganzen Komplexität hier nicht beschrieben werden, zumal bestimmte Aspekte noch gar nicht erforscht sind. Dennoch haben Transmenschen, wie bereits erwähnt, bereits jetzt in zahlreichen Ländern unter bestimmten Umständen die Möglichkeit, sich operieren zu lassen, um Geschlechtsteile, die ihnen psychische Probleme bereiten, loszuwerden. In Deutschland zahlen das bei entsprechender Indikation die Krankenkassen. Die Entscheidung, diese Möglichkeit in Anspruch zu nehmen, muss selbstverständlich jeder Transmensch selbst treffen, ggf. gemeinsam mit den Erziehungsberechtigten.

Frauenkämpfe
Die Motivation von Frauenrechtlerinnen weltweit besteht bekanntlich nicht darin, dass sie ihr eigenes Geschlecht als falsch ansehen, die Motivation, für Emanzipation zu kämpfen, rührt vielmehr daher, dass Männer (und mit Männern kollaborierende Frauen) Frauen als falsch kategorisieren, sobald sie sich nicht genau definierten Gesetzen, wie eine Frau zu sein und auszusehen hat, unterordnen. Somit kämpfen emanzipierte Frauen darum, in ihrer Unterschiedlichkeit, sei es

körperliches Erscheinungsbild, sei es Verhalten, seien es sexuelle Vorlieben, akzeptiert zu werden, und nicht darum, ihre Körper mittels Körperverletzung bestimmten Rollenbildern anpassen zu dürfen bzw. zu müssen.

Queerfeminismus

Die queerfemistische Theorie, dass nicht nur das soziale Geschlecht, sondern auch das biologische Geschlecht nicht festgelegt ist, hat, wie bereits dargelegt, zu einem neuen Aufleben in Sachen weibliches Verständnis für männliche Befindlichkeit in allen Lebenslagen geführt, außerdem dazu, dass Queerfeministinnen nicht nur bereit sind, wieder in die zweite Reihe zu treten, sondern zudem nun auch bereit sind, sich selbst unsichtbar zu machen.

Untersuchungen zu biologischem und sozialem Geschlecht hätten jedoch auch problemlos zu dem Schluss führen könne, dass es zwei Geschlechter (plus Intersexualität) gibt, die jeweils sowohl die Möglichkeit als auch das Recht haben, sich in jeder Weise zu präsentieren, zu verhalten, zu kleiden, zu lieben usw., ohne dabei aufzuhören, Frauen oder Männer zu sein. Das tatsächliche Ergebnis queerfeministischer Betrachtungen ist allerdings ernüchternd: Um sich verhalten zu dürfen, soll sich insbesondere das Geschlecht Frau zunächst wegdefinieren, um sich dann, immer passend zum jeweiligen Verhalten, neu definieren zu müssen, wobei gerade die Definition Frau bei Queerfeministinnen auf Unmut stößt. Wenn man schon unbedingt Frau sein muss, wird mindestens die Bezeichnung „Mensch mit Gebärmutter" gefordert, in orthodox queer-religiösen Kreisen ist aber auch das nicht zulässig, denn es muss vermieden werden, dass Menschen, die ohne Gebärmutter geboren wurden (Männer), das Gefühl entwickeln, unterprivilegiert zu sein. Dass Menschen, die ohne Gebärmutter zur Welt kamen, kaum Probleme damit haben, wenn Frauen sich durch männliches Sprechen und Handeln unterprivilegiert fühlen, spielt im Queerfeminismus keine Rolle. Das Wohl des Mannes ist dem des Menschen mit Gebärmutter jederzeit, ganz wie in alten Zeiten, übergeordnet. So erklärt es sich auch, dass im Queerfeminismus Männer, die ihr im Mutterleib entstandenes Geschlecht nicht akzeptieren, willkommene Bündnispartner im Kampf gegen verschiedene Zumutungen dieser Welt sind, wenn sie dies wünschen. Weil sie „die Bewegung vielfältig machen".

Dass die meisten Zumutungen Männer, die sich als Frau fühlen, gar nicht betreffen, habe ich bereits auf den ersten Seiten ausgeführt.

Dass Frauen in ihrer Erscheinung überaus vielfältig sind, und eben genau dies in keiner Gesellschaft anerkannt bzw. nicht ausreichend anerkannt wird, spielt im Queerfeminismus ebenfalls keine Rolle, weil Frauen keine Rolle spielen. Es ist das uralte Muster männlicher Herrschaft und weiblicher Komplizenschaft: Für Männer hat Frau keine Begrenzung zu installieren, im Zweifelsfall hat Frau das Feld zu räumen. Eigentlich überflüssig zu erwähnen, dass körperverletzte oder geschminkte Männer bei Queerfeministinnen als einzige Gruppe das Recht genießen, sich ungetadelt als Frau bezeichnen zu dürfen. Und das, obwohl sie als Mensch ohne Gebärmutter in queerfeministischer Logik eigentlich ausreichend beschrieben wären.

An dieser Stelle sei darauf hingewiesen, dass, anders als gern kolportiert wird, Frauenrechtlerin nicht gegen Männer kämpfen, sondern für weibliche Gleichberechtigung, Selbstbestimmung und gegen Bevormundung, Reglementierung, Unterdrückung und Gewalt durch Männer. Dass dieser Kampf das (Tot)Schlagwort Männerhasserin hervorgebracht hat, ist so bezeichnet wie entlarvend.

Dass Männergewalt gegen Frauen verschwindet, wenn man Frauen zum Verschwinden bringt, dürfte ein interessanter Aspekt bei vielen InteressenvertreterInnen sein. Gibt es keine Gewalt gegen Frauen mehr, können kostenintensive Frauenhäuser geschlossen und Gewaltpräventionen eingestellt werden, denn Gewalt gegen Frauen heißt dann Gewalt gegen Menschen, und wenn Frauen dennoch auf den Zusatz „mit Gebärmutter" pochen (und damit Männer ausgrenzen) ist das ihr eigenes (Luxus)Problem.

Männer in Fraueninitiativen
Männer, die ihr im Mutterleib entstandenes Geschlecht nicht akzeptieren, haben sich, unter Protektion von Queerfeministinnen, innerhalb der letzten Jahre zu den neuen Frauen gemausert. In Fraueninitiativen und

Gruppen und neuerdings auch am internationalen Frauentag streben sie danach, den Ton anzugeben, und dürfen dies auch, was nicht verwundern kann, denn Jungen, auch oder gerade wenn sie Verhalten zeigen, das als jungen-untypisch gilt, wird immer noch beigebracht, dass es erstrebenswert ist, sich durchzusetzen. Aber die neue Liebe für Männer in Frauenkleidern macht längst auch nicht mehr vor der bürgerlichen Presse halt. Politisch korrekt zu berichten, bedeutet inzwischen, dass auch Mörder und Psychopathen ihr Handwerk betreiben dürfen sollen, solange sie Schminke, Stöckelschuhe und Kleider tragen. Hält man sie dabei auf, wittern die Medien mindestens eine Verschwörung, und zwar eine Verschwörung gegen Männer (in Frauenkleidern). So geschehen am 29. März 2021, einen Tag, nachdem der Sonntags-Tatort aus Wien gesendet wurde, wo Kommissar Moritz Eisner (Harald Krassnitzer) in Notwehr einen Psychopathen erschoss, der Kinder entführt und gequält hatte. Die Deutschen mögen Kinder, so sagen sie zumindest, der Schuss aus Notwehr wäre also durchgegangen und hätte sogar das Gerechtigkeitsgefühl der Deutschen befriedigt, wenn der zu Tode Gekommene nicht, um sich in vorangegangenen Szenen zu tarnen, Make-up und Stöckelschuhe getragen hätte. Der Deutschlandfunk witterte gar den Generalangriff auf Männerrechte, orakelte also, dass „das Hin und Her zwischen den Geschlechtern als Wurzel allen Übels gefasst worden wäre."

Warum der Tod des Mannes in Frauenkleidern problematisch sei, erklärte der „Tatort-Experte" Matthias Dell. Es ginge um Ausschluss, es werde suggeriert, Frauen, die wie Männer aussehen, seien keine richtigen Frauen.

Nicht ganz, Herr Dell. Sie hätten es so probieren sollen: Männer, die sich schminken und Stöckelschuhe tragen, sind deshalb noch

lange keine Frauen. Frauen sind mehr, als
Trägerinnen von Lippenstift und Stöckelschuhen.

Frauen sind u. a. das Produkt der Summe
von Sozialisation und Erziehung. Bedauerli-
cherweise lernen Mädchen nach wie vor,
wenn inzwischen auch als Fähigkeit zu sozialem Verhalten oder Empathie getarnt, dass
es ihre Attraktivität erhöht, wenn sie Männern den Vortritt lassen.

Queerfeministinnen haben ihre Lektion gelernt. Dauer-dozierende (alte weiße) Männer
bejubeln sie nicht mehr, dafür feiern sie es
als zeitgemäße soziale Errungenschaft, wenn
die Medien am Frauentag körperverletzte
Männer vor Kamera und Mikrophon holen,
um diese für Frauen sprechen zu lassen.

Frauenrechtlerinnen, die seit gefühlt Jahrhunderten u. a. dafür gekämpft haben, öffentlich sprechen zu dürfen, sehen sich ob
solcher Grotesken in ein postmodernes Mit-
telalter versetzt.

Auch deshalb, weil selbst vor dem Lokus männlicher Partizipationswille keinen halt mehr macht.

Veranstaltungen zur queeren Thematik, aber auch Frauentanzveranstaltungen ziehen von jeher manche Männer an. Bis in die 1990er-Jahre herrschte unter Frauen Konsens, dass Männer auf Frauenfesten, in Frauencafés oder in Frauendiskos nichts zu suchen haben. Weil es immer wieder Männer gab, die meinten, unbedingt mitfeiern zu müssen, standen irgendwann vor Frauendiskos Türsteherinnen, die klare Ansagen machten und bei besonders hartnäckigen Nervensägen auch schon mal die Polizei zu Hilfe riefen. Heutzutage brauchen Männer, die meinen, es sei ihr unbedingtes Recht, Frauenveranstaltungen zu „bereichern" nur wenige Utensilien, um sich Zutritt zu verschaffen. Schminke, Stöckelschuhe und Gefühl, nämlich das Gefühl, eine Frau zu sein. Mehr noch. Selbst in Veranstaltungsräumen, die auf vielerlei

Art genutzt werden und deshalb auch Männertoiletten haben, versuchten in der Vergangenheit bei Frauenveranstaltungen Männer immer wieder, sich das Recht, auf der Frauentoilette ihre Notdurft verrichten zu dürfen, mittels Gewalt zu verschaffen. Dass einige Frauen, zumindest auf der Toilette, von Männern unbehelligt bleiben möchten, rief bei Queerfeministinnen regelmäßig Empörung hervor, die in Form von Weltuntergangs-Prophezeiungen ob des aufsässigen Verhaltens der Geschlechtsgenossinnen durch die sozialen Netzwerke schwirrten. Der Unwille, mit Männern Toiletten und Waschraum zu teilen, bzw. der Unwille, männliche Aggressionen zu ertragen, sei ausgrenzend oder auch „transphob". Als „Täterinnen", oder zumindest Störerinnen, wurden Frauen ausgemacht und nicht Männer, die aus welchen Gründen auch immer nicht willens oder nicht in der Lage waren, ihre eigene Toilette zu benutzen, was Frauen zu dulden hätten. Urgroßmutters Erziehung lässt grüßen.

Man stelle sich umgekehrt Frauen vor, die vor einem Männerklo randalieren, bzw. Männer tätig angreifen, weil die ihnen die Benutzung ihrer Pinkelrinnnen untersagen. Oder man stelle sich Frauen vor, die auf Männertoiletten Kameras installieren, um die so aufgenommenen Szenen zu verkaufen, wonach diese auf Internet-Porno-Plattformen landen.

Letztgenanntes Szenarium, und zwar mit einem männlichen Täter, ereignete sich u. a. 2018 auf dem Musik-Festival Monis Rache, wie eine Filmcrew um Doku-Autorin Patricia Schlosser öffentlich machte.

Über hundert betroffene Frauen erstatteten Anzeige gegen den Täter, der zum Festival-Team gehörte, allerdings, wie das Organisationskollektiv, bestehend aus Frauen und Männern, auf ihrer Seite bekannt gab, „nur" zum Aufbauteam. Danach mehrten sich

Stimmen, die angaben, dass der Täter sehr
wohl zum Kern des Kollektivs gehörte. Be-
weise gibt es weder für die eine noch für die
andere Version und keine der beiden Versio-
nen macht die Tat besser.

Monis Rache ist ein linkes Festival, das sich
zu „transformative justice" bekennt, also
staatliche Strafverfolgung ablehnt, stattdessen darauf setzt, dass Täter Verantwortung
für ihr Verhalten übernehmen und dieses
verändern. Dass diese Haltung u. a. im Fall
von Sexualstraftaten gemeingefährlich naiv
ist, braucht vermutlich nicht erklärt zu werden in Anbetracht der Rückfallquote bei Se-
xualstraftätern nach sämtlichen bislang er-
probten Therapien.

Interessant hinsichtlich des aktuellen Feminismus ist das Verhalten des Festival-Kol-
lektivs, das die Angelegenheit mit Hilfe fa-
denscheiniger Erklärungen immer wieder
herunterzuspielen versuchte. Wie bereits erwähnt, besteht das Kollektiv auch aus Frau-

en. Auf der Festival-Seite wurde mit viel sprachlichem Queer-Schnickschnack, wie Bezeichnungen für Frauen als „Menschen die, weiblich gelesen werden" und geradezu kokett anmutenden „Triggerwarnungen vor Gewaltdarstellungen" über Textpassagen bestürzend beschönigender Beschreibungen der Vorfälle gearbeitet.[54] Proportional zum wachsenden Druck auf das Festival-Kollektiv wuchs die schwammige Erklärung auf deren Seite. Es war dem Organisationsteam, darunter Frauen, nicht möglich, ohne Relativierung einzuräumen, das ein Crew-Mitglied heimlich Frauen auf der Toilette gefilmt und das Material an Pornoseiten verkauft hatte. Zum Schluss las und liest sich die Erklärung auf der Website von Monis Rache, als wäre das Organisationsteam eine Gruppe zu Unrecht angeklagter Opfer und als wäre es die

---

[54] Monis Rache zu den Vorfällen auf dem Festival April 2021 https://monisrache.wtf/ (2.5.2021)

Schuld der betroffenen Frauen, die den Täter anzeigten, dass dieser nun keine Gelegenheit mehr habe, sein Verhalten „zu reflektieren und zu ändern".

Der Vorfall ist ein anschauliches Beispiel dafür, wie Frauen aktuell mit ihren Geschlechtsgenossinnen verfahren, wenn diese es wagen, auf ihre Rechte, in diesem Fall auf das Recht auf sexuelle Selbstbestimmung, zu pochen und Anzeige gegen einen Mann zu stellen.

Dafür, dass der Täter keinen Schaden nahm, wurde ebenfalls gesorgt, wie dieser öffentliche Post vom 1. Mai 2021 im sozialen Netzwerk Facebook erkennen lässt.

Schimpansen gegen die NPD[55]
2 Std.

---

[55] Facebook-Seite Schimpansen gegen die AFD, Post vom 1. Mai 2021, 7:56 Uhr https://www.facebook.com/chimpVS/ (2.5.2021)

Vor über einem Jahr wurde bekannt, dass ein Typ Frauen auf Toiletten gefilmt hatte und diese Filme dann auf Porno-Plattformen verteilt wurden. Der Täter kommt aus linken Kreisen. Von einer Aufarbeitung innerhalb dieses Kreises kann keine Rede sein. Und dies ist leider keine Ausnahme, sondern die Regel. Täter werden in linken Kreisen gedeckt, verteidigt und entschuldigt. Auf Kosten der Opfer, die dann noch gemobbt werden.

Dżesika Ramsch

Gestern um 08:19

Der Täter von Monis Rache wurde gestern auf einer Parkbank gesichtet. Nachdem er sich mehrere Monate abgeseilt hatte und sich laut eigener Aussage da aufhielt, wo er keine Gefahr für Frauen darstellt (wo auch immer dieser magische Ort sein soll), ist er nun wieder in Leipzig. (Versteht mich nicht falsch, ich will hier nicht für eine völlige Einschränkung der Bewegungsfreiheit solcher Typen plädieren.)

Nach allen Beteuerungen aktiv zu werden, eine Therapie anzutreten, sich seiner strafrechtlichen Verantwortung zu stellen und aktiv an der Aufarbeitung der ganzen Causa Monis Rache mitzuwirken, ist H. nun wieder da. Und passiert ist ungefähr nichts. Stattdessen hat H. immer wieder Wasserstandsmeldungen seines psych. Zustands in die einzelnen Betroffenengruppen abgeseilt. Gruppen, in denen sich Personen vernetzen, die das Ganze tatsächlich traumatisiert hat, die auch vorher vielleicht schon Traumata erlitten haben, Leute, die den Gedanken, „Ich bin gegen meinen Willen in einem Porno zu sehen", nicht einfach mal eben wegdrücken können, Leute, die sich seit über einem Jahr damit befassen. So hat es ein Typ geschafft, letztlich wieder Zugriff auf Gruppen zu er-

*halten, in denen er nichts, aber auch gar nichts zu melden haben sollte. Alle sollten es wissen: H. geht in sich und H. leidet auch. Doch nach all diesen Versicherungen, Verantwortung zu übernehmen, und Selbstmitleidsbekundungen zeigt sich vor allem eins: Man kann es sich als Betroffene*r nicht leisten, darauf zu warten, dass Täter beginnen, Abbitte zu leisten, man braucht nicht darauf zu warten, dass Transformative Justice Konzepte zu mehr gereichen, als zu einem schönen Gedankenspiel. Man braucht nicht darauf zu vertrauen, dass Täter daran interessiert sind, eine Art Gerechtigkeit herzustellen. Sowieso: Der eigene Geisteszustand darf nicht von solchen Typen abhängig sein, so schwer das ist. Und wenn man geglaubt hat, dass das in der Linken-Szene anders sei, dann wurde man hier ziemlich bitter enttäuscht. Eigentlich ist das ja auch allen klar, der ganze Fall machte dies nur noch mal be-*

Zurück zu Männern, die den ihnen im Mutterleib zugewiesenen Körper nicht akzeptieren. Deren Kampf, für das Recht als Körperverletzte leben zu dürfen, ist, um es noch
einmal deutlich zu sagen, nicht der Kampf
von Frauenrechtlerinnen.

Diese Männer hätten eine wichtige Aufgabe
zu erledigen. Nämlich die, in den mittlerweile wie Pilze aus dem Boden schießenden
Männerrechtsgruppen ihren Geschlechtsgenossen zu vermitteln, wie vielfältig Mann-
Sein ist und sowohl im Arbeitsoverall als
auch im Minirock und auf Stöckelschuhen
oder ohne Penis stattfinden kann und heutzutage auch stattfinden darf. Hier gäbe es
Chancen, ein breites Spektrum von Männer-
bildern zu etablieren. Von körperverletzten
Männern wird diese Möglichkeit nicht wahr-

genommen. Natürlich, es ist weitaus bequemer und gefahrloser, anstatt sich mit Geschlechtsgenossen auseinanderzusetzen, Frauen aufzuzeigen, was die zu akzeptieren haben. Besonders dann, wenn einem eine Hilfstruppe namens Queerfeministinnen zur Seite steht. Ein anschauliches Beispiel dafür ist eine Gruppe Essener HausbesetzerInnen, die sich gegen „diesen" Feminismus (womit sie den internationalen Kampf für Frauenrechte meint) zur Wehr setzt und in einem konfusen Pamphlet auf ihrer Seite „Transfläche"[56] auch erklärt, warum. Unter anderem deshalb, weil das binäre Geschlechtersystem

____

[56] Die Seite der Essener HausbesetzterInnen https://transflaeche.blackblogs.org/wp-content/uploads/sites/1632/2021/03/Druckversion-Zine.pdf?fbclid=IwAR0ySCk_Jad8ixj8qmKDfql-R6Z3YFhfN44Ww9aL7HBqiHHlkFIK_7gpMv-cA (2.5.2021)

dem Kolonialismus entspringen würde. Auch wäre der Kampf gegen Gewalt an Frauen patriarchal. Das Sprechen über weibliche Körperteile, über die Periode und damit verbundene Beschwerden wie Bauchkrämpfe, wäre diskriminierend gegenüber Transpersonen. Im Text werden Worte wie menstruieren oder Vulva verschlüsselt. Mit Transpersonen sind Männer gemeint. Angesichts dieses Textes, der sich in weiten Teilen jeder Kritik entzieht, weil immer wieder der Eindruck entsteht, als hätten die schreibenden Personen Probleme, die weit über das Thema Unbehagen bezüglich der Geschlechterfrage hinausgehen, ist jedoch eines wieder sehr augenscheinlich: Frauen kreisen mit Inbrunst um das eine: die Emotionen und das Wohlergehen von Männern. Es wird sinniert, reflektiert, gegrübelt. Und immer steht die Frage im Vordergrund: Werden wir mit unserem Verhalten Männern gerecht.

Frauen, die ausscheren, werden zurechtgewiesen.

Interessant in diesem Zusammenhang ist außerdem, dass Frauen, die sich als Mann fühlen und/oder sich dementsprechend körperverletzen lassen, Männern nicht vorschreiben bzw. vorzuschreiben versuchen, was und wie diese zu sprechen haben. Dass Männer anderen Männern nicht vorschreiben, wie und was diese zu sprechen haben, um (körperverletzte) Frauen nicht auszugrenzen, erwähnte ich bereits.

Noch ein Wort zu homosexuellen Männern

Leider hat sich auch die Hoffnung, mit homosexuellen Männern (die sich nicht als Frauen, sondern als homosexuelle Männer definieren) gemeinsam gegen Unterdrückung zu kämpfen in den letzten 40 Jahren, nämlich seit der Emanzipation Schwuler, als Enttäuschung herausgestellt.

Natürlich sind homosexuelle Männer keine heterogene Gruppe. Es gibt die, die sich für ihre Rechte als Schwule engagieren, es gibt die, die sich als Homosexuelle verleugnen und ein Doppelleben im Spannungsfeld zwischen heterosexueller Familienidylle und heimlichem Homo-Sex führen. Und ja, es gibt auch die – zumeist im politischen Bereich – die sich mit Frauen solidarisieren, leider ist dies die kleinste Gruppe.

Für die meisten Schwulen aber gehören Frauen nicht zum Interessengebiet; anders als bei heterosexuellen Männern müssen homosexuelle Männer sich nicht einmal in irgendeiner Weise frauenfreundlich präsentieren, um eine Sexualpartnerin bzw. Ehefrau für sich zu gewinnen. Schwule kämpfen für sich und ihre Rechte, was man ihnen nicht verdenken kann, aber sie kämpfen in der Regel nicht für Emanzipation allgemein, die auch Frauenrechte mit einbezieht.

Unter Solidarität verstehe ich übrigens nicht die schwule Hinwendung zu Frauen als beste Freundinnen, solange diese bestimmte Dogmen, wie männliche Dominanz unabhängig von der sexuellen Ausrichtung, nicht hinterfragen. Unter Solidarität verstehe ich auch nicht die Hinwendung schwuler Modemacher oder Make-up-Artists zu Frauen. Im Gegenteil hat das Outing schwuler Männer im Modebetrieb dazu geführt, dass sich das Frauenbild in Mode und Kosmetik zu androgyn-geschlechtslos gewandelt hat. Im Endeffekt spielte es dann keine Rolle mehr, ob die tonangebenden Männer hetero- oder homosexuell sind. Die Gesellschaft nahm das „Idealbild" der überschlanken Frau ohne Geschlechtsmerkmale an, Frauen parierten bzw. reagierten mit Magersucht.

Gut, dass sich in dieser Hinsicht nun etwas verändert und in den letzten Jahren auch Frauen mit normalen weiblichen Formen in die Modebranche Einzug hielten. Da diese

Frauen als „Starke Frauen“ oder auch „Curvy Models“ vermarktet werden, statt als ganz normale Frauen, steht zu befürchten, dass es sich um einen Trend handelt, der auch wieder verschwindet.

Immerhin aber muss man Schwulen zugutehalten, dass, wo sie sich schon nicht für Frauen und deren Belange (abgesehen von Mode und Kosmetik) interessieren, sie auch nicht versuchen, in deren Räume einzudringen oder gar für sie sprechen zu wollen.

Das ist bei Männern, die sich als Frau fühlen, anders. Sie haben den Anspruch, Frauenterrain zu erobern, statt sich selbst Räume zu schaffen, wo sie als Männer, die sich als Frauen fühlen, ihre Obsession ausleben können, bzw. statt sich unter anderen Männern einen Platz zu erobern.

Dagegen setzen sich Frauenrechtlerinnen zur Wehr. Wir Frauen können für uns selbst sprechen, wir Frauen haben das Recht, unter uns zu bleiben, wenn wir das möchten.

Wenn dies als „Transfeindlichkeit" bezeichnet wird, müssen wir wohl noch einmal ganz von vorne anfangen in Sachen weiblicher Kampf für Emanzipation.

Ich komme zum Schluss zu einem Thema, dass in allen Frauenrechts- bzw. queerfeministischen Strömungen kontrovers diskutiert wird. Es handelt sich um das Thema

Prostitution

In queeren Kreisen wird Prostitution zwar häufig als weibliches Empowerment gehandelt, es wäre jedoch unfair gegenüber in diesem Punkt reflektierten Queerfeministinnen, dem Queerfeminismus insgesamt Prostitutions-Apologie vorzuwerfen, auch wenn dies ein verbreitetes Phänomen ist.

Warum aber unterstützen viele Queerfeministinnen überhaupt die Prostitutions- und Menschenhandelslobby?

Meine These ist, dass Unterstützung deshalb besteht, weil Sexkauf eine männliche Domäne ist und Queerfeministinnen auf die Befriedigung männlicher Bedürfnisse abonniert sind. Übrigens sind von Menschenhandel und Prostitution auch Männer und Jungen betroffen. Wie bei weiblichen Prostituierten sind es diejenigen, die aus wirtschaftlichen Gründen dazu gezwungen sind, bzw. diejenigen, die sich gegen den Zwang, ihren Körper zur Verfügung zu stellen, nicht wehren können.

Wie bereits dargestellt, schließt der Queerfeminismus auch Männer ein, die sich als Frau fühlen. Geschminkt und in Kleid und Stöckelschuhen gehen auch gefühlte Frauen, also Männer, der Tätigkeit als „weibliche" Prostituierte nach, tun dies in sozialen Netzwerken kund und betreiben dadurch für die Menschenhandelslobby stylische, zeitgemäße Öffentlichkeitsarbeit. Ein Beispiel für dieses Agitieren ist die Podcast-Plattform Whoroscope.[57] Dort wird Prostitution verharmlost, Zwangsprostitution ausgeblendet. Man beklagt hingegen beispielsweise, dass „Sexarbeit" durch Herrschaftsverhältnisse Ausgrenzung erlebe und erleide, was eine seltsame Sicht auf Prostitution darstellt. Zu wünschen wäre vielmehr, dass Regierungen endlich wasserdichte Gesetze gegen Menschenhandel und das Geschäft mit sexueller Misshandlung beschließen, was diese eben nicht tun, da der internationale Menschenhandel bzw. sexuelle Misshandlung erwünscht, da wirtschaftlich hoch lukrativ ist, weil männliche Bedürfnisse befriedigt werden. So ist bekannt, dass in deutschen Jobcentern immer wieder versucht wird, erwerbslose Frauen im Sexdienstleistungsbe-

---

[57] https://whoroscope.eu/

reich unterzubringen. Ein Fallbeispiel dazu
weiter unten.

Natürlich dürfen Gesetze gegen Menschenhandel nicht diejenigen kriminalisieren, die
gezwungen sind, ihre Körper zu vermieten,
sondern die, die die Lage einer Person, die
aus welchen Gründen auch immer – meistens aus wirtschaftlicher Not – ihren Körper
vermieten muss, ausnutzen. Auf der Plattform Whoroscope findet man u. a. Beiträge
zu „Trans*Sexwork", die für Prostitution
und damit, evtl. unabsichtlich oder einfach
gedankenlos, für die internationale Men-
schenhandels-Lobby agitieren. Die sagt sehr
vermutlich: Danke schön.

Für diejenigen, die nach wie vor fragen,
warum Prostitution frauen- bzw. menschen-
verachtend ist im Folgenden ein paar Denk-
anstöße.

Nicht nur im übertragenen, sondern im
wahrsten Sinne des Wortes ist für die Prosti-

tuierte jede Grenze zwischen der Lohnarbeit und demjenigen, der diese Lohnarbeit, oder in diesem Fall den Lohnarbeiterinnen-Körper mietet, aufgehoben. Man darf Prostitution somit zu Recht als Königsdisziplin kapitalistischer Ausbeutung bezeichnen. Da im Queerfeminismus gesamtgesellschaftliche Missstände eine eher untergeordnete Rolle spielen, wundert es nicht, dass auch dieser Punkt ausgeblendet wird. Wie halten es ProstitutionsbefürworterInnen mit dieser Form allumfassender Verfügbarkeit?

Eine Position ist, dass Prostitution, euphemistisch als „Sexarbeit" bezeichnet, eine Lohnarbeit wie jede andere wäre.

Diejenige, der nichts anderes übrig bleibt, als ihren Körper gegen Lohn zur Verfügung zu stellen, ist laut der BefürworterInnen „eine Sexarbeiter*in". Wollte man zynisch sein, könnte man linken BefürworterInnen hier Konsequenz attestieren, denn die Prostituierte ist das Produktionsmittel in Person.

Aber nur auf den ersten Blick. Zwar spricht man sich unter QueerfeministInnen auch hier und da gegen den Kapitalismus aus, findet offenbar aber nichts dabei, dass derjenige, der sich – im Sinne des Systems Kapitalismus – geschickt verhält, gegen Zahlung eines Geldbetrags über den Körper derjenigen verfügen darf, die sich im System Kapitalismus aus zahlreichen Gründen, beispielsweise Sozialisation zur Rücksichtnahme und Bescheidenheit, Kindererziehung oder Geburt in einem Land, in dem die Frau Leibeigene des Mannes ist, gar nicht erfolgreich verhalten kann. Ignoriert werden zudem zahllose Frauen und Kinder, die Monat für Monat unter falschen Versprechungen aus Ländern ohne Sozialsystem nach Deutschland gelockt werden und hier aufgrund der großzügigen Regelungen bezüglich Prostitution in Bordellen verschwinden. Gezwungen oder freiwillig? Zwang ist der Prostitution immanent. Ohne Zwang gäbe es kein Geschäft mit der Prostitution, denn mit den paar Prostituierten, die erklären, ihre Tätigkeit gern und freiwillig auszuüben, wäre eindeutig kein Milliardengeschäft zu machen, wie es jedoch in Europa und gerade in Deutschland gemacht wird.

Zum Thema Freiwilligkeit ist hinzuzufügen, dass das, was man aus freier Entscheidung tut, dennoch immer in einem gesellschaftlichen Kontext betrachtet werden muss. Freiwillige Prostitution innerhalb des kapitalistischen Systems zu betrachten, bedeutet u. a., Frauenarmut und Frauenunterdrückung mit zu betrachten. Keine Millionärin würde tagtäglich mehrmals ihren Körper für Beträge von zum Teil rund 20 Euro und darunter zur Verfügung stellen. Ein wohlhabender Mann übrigens ebenso wenig. Warum auch? Er hat die Möglichkeit, sich wirtschaftlich weniger potente Individuen zu mieten.

Das Schwedische Modell

235

Das sogenannte „Schwedische Modell“, das
in den skandinavischen Ländern eine Strafverfolgung von Sexkäufern vorsieht, wird
von den Sexarbeit-ApologetInnen häufig abgelehnt, mit der Begründung, es würde Prostituierte bei der Arbeit behindern.

Man fürchtet, dass Sexkäufer sich abge-
schreckt fühlten, wenn die Gefahr bestünde,
ertappt und zu Geld- oder Freiheitsstrafen
verurteilt zu werden. Die Sexarbeit-Befür-
worterInnen betrachten Prostitution damit
aus der Perspektive des wirtschaftlich über-
legenen Sexkäufers – und nicht aus der Perspektive der Prostituierten, denen mit der
Gesetzgebung nach dem „Schwedischen
Modell“ zumindest eine, wenn auch nicht
ausreichende Form der Sicherheit zugestanden wird. Prostituierte haben im Rahmen des
Schwedischen Modells die Möglichkeit, den
Sexkäufer anzuzeigen, falls er sich nicht an-
gemessen verhält – was immer man in einer
Situation, in der jemand einen Körper zu

mieten in der Lage ist, beziehungsweise jemand den eigenen Körper zu vermieten gezwungen ist, unter „angemessenem Verhalten" verstehen mag.

Vermittlung beim Arbeitsamt?

Die logische Konsequenz dieser Sichtweise, Prostitution sei gleich Arbeit wie jede andere auch, wäre, Sexdienstleistungen als zumutbare Lohnarbeit beim Arbeitsamt zu vermitteln. Würde die Erwerbslose entsprechende Stellenangebote ablehnen, hätte sie mit Sanktionen, u. a. Kürzungen des Arbeitslosengeldes zu rechnen. Bereits heute (Stand: 2021) berichten Prostituierte, dass ihre Bestrebungen, aus der Prostitution auszusteigen, beim Arbeitsamt oder Jobcenter nicht unterstützt werden. Im Gegenteil werden betroffene Frauen aufgefordert, sich innerhalb der „Branche" eine andere Betätigung, wie beispielsweise Tätigkeiten in einer Peepshow oder einem Pornofilmdreh, zu suchen.

2016 wurde in Berlin der Fall einer Physike-
rin publik, die in der Kinderbildung arbeitete, aufstockend Hartz IV bezog und deshalb
aufgefordert wurde, sich als Vollzeit-Verkäu-
ferin in einem Erotik-Shop zu bewerben.
Berliner Tageszeitungen berichteten. Die
junge Frau hatte den Job abgelehnt, daraufhin wurde ihr die Unterstützung gekürzt.
Erst als sich die Presse einschaltete, wurde
die Sanktion des Jobcenters wieder zurückgenommen. Genau an diesem Fall zeigte
sich schließlich, was es in der Praxis der Ar-
beitsvermittlung bedeutete, Prostitution beziehungsweise Lohnarbeit im Sexgewerbe
als Lohnarbeit wie jede andere anzuerken-
nen. Es handelte sich dann schlicht und einfach um eine zumutbare Beschäftigung,
nach §140 SGB III, Absatz 1 und Absatz 5,
der keinen einzigen Hinweis auf eine Möglichkeit enthält, eine Beschäftigung im Sexgewerbe abzulehnen.

Und bei Schwulen?

Da auch homosexuelle Männer Sexkäufer sind, müsste die „Prostitution-ist-Arbeit-wie-jede-andere“-Fraktion z. B. innerhalb der Partei Die Linke konsequenterweise dafür sein, junge Männer über Arbeitsagenturen in diese Tätigkeit zu vermitteln. Über derartige Ansätze ist nichts bekannt. Recherchiert man zum Thema „Die Linke und männliche Prostitution“, finden sich, im Gegenteil, lediglich Verurteilungen und Empörung, und zwar in Bezug auf den sogenannten Flüchtlingsstrich im Berliner Tiergarten, wo sich geflüchtete Männer, zumeist ohne Aufenthaltserlaubnis in Deutschland, für Spottpreise Homosexuellen anbieten (müssen). Die Empörung der Linken darüber ist absolut verständlich, was die gleichzeitige Beschönigung weiblicher Prostitution allerdings nur umso unverständlicher macht.

Die einzige humane Antwort auf Prostitution
kann nur die sein, wie in skandinavischen
Ländern praktiziert, Sexkäufer zu bestrafen.
Darüber hinaus muss präventiv in der Erziehung von Mädchen endlich höchstes Ziel
sein, Selbstwertgefühl, Selbstliebe und Kri-
tikfähigkeit auszubilden. Die, die um ihren
Wert weiß, verkauft ihre Arbeitskraft nicht
unter diesem. Und den eigenen Körper verkauft sie überhaupt nicht, wenn sie gelernt
hat, wie wertvoll und damit unverkäuflich er
ist.

Fazit

Wir haben noch immer jede Menge Arbeit
vor uns, wenn es darum geht, unsere Töchter
zu emanzipierten, selbstbewussten Menschen zu erziehen, die sich ernst und wichtig
nehmen und ihre Belange nicht hinter die
von Männern stellen. Die Erziehung zur

Sonderbeauftragten für das körperliche und seelische Wohl von Männern ist jedoch nach wie vor aktuell. Dass die Wünsche und Befindlichkeiten des Mannes Priorität haben, war einst unmissverständlich in die Erziehung von Mädchen eingewoben, heute wird es z. B. unter dem Label Erziehung zur Empathie bzw. Ausbildung von Soft Skills vermittelt. Medien und Politik tragen das ihrige bei. Weibliche Selbstfürsorge wird als nicht mehr zeitgemäßes Alice-Schwarzer-Emanzentum diffamiert, der Kampf gegen anti-emanzipatorische Bestrebungen, Frauenunterdrückung und Frauenhass als Rassismus. Was gestern und in ländlichen Gegenden noch heute die Kirche und ihre Macht, mit Höllendrohung die Bevölkerung zu disziplinieren, war und ist, ist heute in Großstädten der Islam und sein Personal, das mit dem völlig verwillkührlichten Begriff Rassismus seine anti-emanzipatorische Agenda durchzusetzen versucht. Dass nach wie vor Frauen kollaborieren, wenn es darum geht, die Geschlechtsgenossinnen zu kontrollieren, auf Kurs zu bringen, bei Widerstand zu diffamieren und auszuschließen, neudeutsch zu canceln, macht die Sache vertrackt und beschwerlich, zumal mit dem Schlachtruf „Rassismus" ein Werkzeug dazu gekommen ist, das Biografien zerstören kann. Mit dem Wegdefinieren von Frauen haben Queerfemnistinnen einen Trick zur Hand, der nicht nur Frauen, sondern auch Unterdrückung und Gewalt verschwinden lässt, allerdings nur in der Theorie. In der Praxis ändert sich nichts, außer, dass betroffenen Frauen jede Berechtigung, aufzubegehren, genommen wird.

Dass man dem Kampf gegen tatsächlichen Rassismus damit keinen Gefallen tut, versteht sich von selbst. Ebenfalls verständlich ist, dass die Politik gern auf den Zug, Frauen wegzudefinieren, aufspringen wird. Wo es keine Frauen und Gewalt gegen diese mehr

gibt, braucht es keine kostspielige Prävention mehr, die, sobald sie sich an bestimmte
Tätergruppen, z. B. Männer aus anti-emanzi-
patorisch geprägten Staaten, richtet, ohnehin
als rassistisch gelabelt und somit ohnehin
gern abgeräumt wird. Doch anders als immer wieder suggeriert, ist es kein Zeichen
von Weltoffenheit, menschenverachtende
Sitten und Gebräuche zu tolerieren oder gar
als neuen Bestandteil aufgeklärter Gesellschaften zu deklarieren. Menschenverachtung hat in keiner Gesellschaft etwas zu suchen. Wo immer man Terror gegen Frauen,
Homosexuelle, tatsächlich marginalisierte
Ethnien und Gruppen begegnet, ist es die
Pflicht jedes in Bezug auf Ethik und Huma-
nismus reifen Menschen, dagegen vorzuge-
hen, hier, indem man Menschen, die zu uns
flüchten, verständlich macht, dass archai-
sche Sitten in einer aufgeklärten Gesellschaft nichts zu suchen haben, was vielen
Geflüchteten sowieso entgegenkommt. Dort,

indem man im Rahmen der eigenen Möglichkeiten den Kampf von Frauen, Homosexuellen, Un- und Andersgläubigen gegen
Diktatoren und religiöse Gewalttäter unterstützt.

Nachtrag: Auch im Juni 2021 begingen
Männer wieder Frauenmorde, u. a. in Würz-
burg und Wien. Die queerfeministische Szene schwieg.
Auf unserem Blog FrauenStandPUNKT
nahm sich Birgit Gärtner des Themas an
https://frauenstandpunkt.blogspot.com

Literatur

Judith Butler: Gender Trouble. Feminism
and the Subversion of Identity, Routledge:
New York 1990, dt. Das Unbehagen der Geschlechter, Frankfurt: Suhrkamp 1991

Simone de Beauvoir: Das andere Geschlecht. Sitte und Sexus der Frau, aus dem
Französischen von Uli Aumüller und Grete
Osterwald. Reinbek: Rowohlt 1992. Origi-
nalausgabe: Le Deuxième Sexe. Paris: Galli-
mard 1949

Sumi Cho, Kimberlé Williams Crenshaw
and Leslie McCall: Toward a Field of Inter-
sectionality Studies: Theory, Applications,
and Praxis
The University of Chicago Press 2013

Valerie Solanas: SCUM Manifesto
Verso Reprint edition 2016)

Mina Ahadi, Khulud Alharthi, Halina Bendkowski, Naïla Chikhi, Davina Ellis, Ninve Ermagan, Melanie Götz & Janina Marte, Monireh Kazemi, Rebecca Schönenbach und Hannah Wettig: Ich will frei sein, nicht mutig: FrauenStimmen gegen Gewalt Alibri 2021

Khaled Alesmael, Till Randolf Amelung, Haidar Darwish, Melanie Götz, David Nnanna Ikpo, Marco Kammholz & Ibrahim Willeke, Hannah Kassimi, Irene Kosok & Mareena Tarazi, Panagiotis Koulaxidis, Stefan Kräh, Yasemin Makineci, Janina Marte, Sabri Deniz Martin, Stefan Paintner, Moritz Pitscheider, Lilith Raza, Nemat Sadat, Lukas Sarvari & Dinah Weisenstein, Amed Sherwan, Steffen Stolzenberger, Thomas Thiel, Vojin Saša Vukadinović, Worood Zuhair sowie der Initiative Ehrlos statt Wehrlos: Zugzwänge: Flucht und Verlangen, Querverlag 2020

Sasha Marianna Salzmann, Sharon Dodua Otoo, Max Czollek, Mithu Sanyal, Olga Grjasnowa, Margarete Stokowski u .a. Eure Heimat ist unser Albtraum, Ullstein fünf 2019

Caroline Fourest, Generation Beleidigt Edition Tiamat 2020